지식사회 경제학

조화로운 다양성을 향한 해운 이야기

지식사회 경제학

조화로운 다양성을 향한 해운 이야기

고병욱 지음

재단법인 한국해사문제연구소
KOMARES KOREA MARITIME RESEARCH INSTITUTE

"주희와 은우에게"

감사의 말씀

이 책을 세상에 내 놓기까지 많은 분들의 도움을 받았습니다. 세상의 이치가 그러하듯, 저에게 도움을 주신 분들은 스스로 도움을 준 사실을 모르는 경우가 많습니다. 먼저, 저의 경제학자로서의 삶에 나침반이 되어 주신 신관호 교수님, 김창진 교수님께 감사의 말씀을 전합니다. 그리고 한국해양수산개발원에서 해운을 연구하며 경제학적 논의를 폭 넓게 고민할 수 있도록 항상 자극제와 영양분이 되어 주신 길광수 박사님께 고마움을 전합니다. 이 분들 외에도 저의 지적 성장에 큰 자양분이 되어 주신 많은 교수님들과 사회에서의 동료, 선후배 여러분들께 감사드립니다.

이 책의 내용은 전적으로 제가 고민하고 생각하는 내용을 독자들과 공유한다는 느낌으로 작성된 것입니다. 많은 논리적 비약과 문제가 있을 것으로 생각됩니다. 이러한 저의 오류가 혹시 저를 가르치신 교수님들의 잘못으로 오해되는 일이 없으면 좋겠습니다.

아빠와 남편으로서 아들 은우와 아내 이주희에게 귀중한 순간 순간에 같이 있는 시간을 많이 못 내어 주어 미안하고 고맙다는 마음을 이 기회를 통해 전합니다.

책의 사용법

이 책은 현대사회가 산업사회와는 질적으로 매우 다른 경제 논리로 운영되고 있고, 또한 지식사회 발전을 위한 새로운 경제 논리가 필요하다는 문제의식에서 작성된 것이다. 기존의 경제학 교양서가 대가(大家)들의 평생의 학습 결과물을 집대성하여 요약하고 있는 반면, 이 책의 내용은 필자가 지식사회 경제학을 화두(話頭)로 고민했던 내용을 학습노트 형태로 정리한 것이다. 따라서 책의 논의가 다양한 이론적, 실증적 근거를 갖고 있기 보다는 하나의 선언문의 성격을 지니고 있다. 즉 필자가 바라보는 경제적 관점을 독자에게 전달하는 하나의 메시지로서 이 글을 이해해 주길 바란다.

이 책에 수록된 총 15개의 글 중에서 11개는 필자가 2018년 2월부터 12월까지 「해양한국」에 '조타실의 경제학'이라는 칼럼으로 기고한 글을 활용한 것이다. 그리고 3개는 그 이전에 발표한 필자의 글을 가지고 온 것이다. 물론 이 14개의 글은 이 책의 흐름에 맞게 일부 수정하고 보완하여 실었다. 나머지 1개는 책의 도입부로서 '삶의 길라잡이 경제학'이라는 제목으로 이 책을 위해 필자가 별도로 작성한 것이다.

15개의 글을 총 3개 부분으로 재편성했다. 제1부는 지식사회라는 현대 문명의 역사적 성격을 간단히 살펴보고, 이 지식사회에서의 경제학이라는 관점(또는 렌즈)이 지녀야 할 특성을 살펴본다. 제2부에서는 해운항만 산업생태계의 다양한 현안문제를 필자의 독특한 관점에서 재해석해 보았다. 물론 제2부의 재해석은 기존의 경제학계에서 충분히 논의된 개념을 빌려와 이루어진 것이다. 다만, 필자는 시장의 조정(coordination)에만 전적으로 경제문제를 맡길 것이 아니라, 사회 공동체의 적절한 개입이 필요함을 강조하고자 했다. 마지막 제3부는 지식경제학, 혁신이론, 지식창출 및 관리 이론 등의 지식과 직접적으로 관련된 논의를 바탕으로 다양한 경제이슈에 대해서 필자의 견해를 보여 주고 있다.

필자가 타겟으로 삼은 독자는 크게 일반 국민, 해운산업계 종사자, 그리고 경제학을 전공하는 분들이다. 먼저, 이 책의 제목에 관심이 있는 일반 국민께서는 제1부와 제3부만 읽더라도 저자의 메시지를 충분히 이해해 주실 수 있을 것으로 생각된다. 만약 해운산업계 종사자(업계, 정부, 공공기관 등)라면, 책을 처음부터 끝까지 순서대로 읽어 나가면 색다른 관점의 해운경제론으로서 느껴질 것으로 기대된다. 그리고 경제학을 전공하는 독자(교수, 연구원, 학생 등)는 경제문제를 필자와 같이 해석하는 연구자도 있구나 생각하고, 책의 독특한 내용을 재밌게 읽어 주었으면 한다.

책의 곳곳에서 논의가 중복되는 경우가 있다. 이는 책의 각 주제들을 따로 떼 놓고 읽더라도 하나의 주제가 완결성을 갖출 수 있도록 저자가 의도했기 때문에 나타나는 특징이다. 독자의 편의성을 위한 것이니 널리 양해해 주시길 바란다.

만약 이 책의 메시지가 독자들이 이미 가지고 있는 지식과 융합하여 현실을 살아가는 삶의 길라잡이로서 조금이라도 활용된다면 이 책은 그 가치를 충분히 발휘한 것이다. 독자들의 거침없는 비판과 지적을 기대하며 이 책을 시작하고자 한다.

목 차

제 3 부 지식사회에 대한 제언

제 1 부

지식사회 경제학

1

삶의 길라잡이 경제학: 지식사회 경제학

한 사람이 살아가면서 세상을 보는 눈을 우리는 세계관(世界觀)이라고 한다. 이러한 세계관은 사람마다 다를 것이고, 누구의 것이 보다 우수하다고 판단하는 것 또한 의미가 없을 것이다. 하지만 세상을 보는 시각의 다양성에도 불구하고, 현대사회를 살아가는 모든 이는 자신의 관점을 보다 현실성 있게 만들기 위해 노력하고 있으며, 이러한 노력의 일환으로 경제학을 공부하는 것은 매우 유익할 것이다. 왜냐하면, 경제학이란 우리가 서로 의존하며 살아가는 이 세상의 움직이는 모습을 이해하는 학문이기 때문이다.[1)]

필자가 쓰고 있는 이 글,「지식사회 경제학」은 이러한 세계관, 즉 일종의 렌즈(lens)를 제시해 보는 글이다. 많은 교양서들은 대

---

1) 우리나라, 중국, 일본 등의 문화권에서 경제학이란 경세제민(經世濟民), 즉 세상을 경영하고 국민을 이롭게 하는 목적을 지닌 학문으로 인식된다. 따라서 이러한 경세제민의 목적 달성을 위해서는 경제주체가 서로 의존하는 방식을 이해할 필요가 있게 되고, 그 결과로서 경제학은 이러한 상호의존 관계에 대한 내용을 담게 된다.

가(大家)의 학자들이 일생의 학문적 업적을 이해하기 쉽게 집대성하는 것이지만, 필자의 책은 그와 다른 하나의 학습노트이다. 즉 이 책은 어떤 거대한 이론체계를 소개하는 것이 아니라, 필자가 우리 경제를 연구하면서 조금씩 알게 된 다양한 생각들을 독자들과 공유하고자 작성하게 된 것이다. 따라서 이 글에서 필자가 제시하는 하나의 렌즈를 독자들이 나름대로 수용하여 삶의 길라잡이로서 조금이라도 사용한다면 이 글은 소기의 목적을 달성한다고 생각된다.

이 장에서는 다음과 같은 내용을 순서대로 살펴본다. 첫째, 우리 사회가 어떻게 지식사회로 전환되고 있는지를 문명사적 시각에서 조망해 본다. 둘째, 왜 지식사회에서는 새로운 경제학이 필요한 지를 간략히 검토한다. 셋째, 우리가 경제를 이해함에 있어 마음속으로 활용하는 이론적 모형을 '이항대립의 수요-공급 모형'에서 '삼항 순환의 분업체계 모형'으로 바꿀 것을 제안한다. 넷째, 지식사회 경제학의 이론화 · 모형화 방법론을 간단히 제시한다. 다섯째, 지식사회 경제학의 방법론적 원리로서, 양자역학에서 사용되고 있는 상보성 원리를 제안하고, 그 유용성을 논의한다. 마지막으로 지식사회 경제학이 지향하는 논의 사례를 간략히 보여주고자 한다.

지식사회로의 전환

현대사회가 지식사회라는 것은 이미 오래된 사실이다. 즉 드러커, 토플러 등의 세계 유수의 학자들이 20세기 후반기에 이미 세계는 산업사회에서 지식사회로 변화해 가고 있다고 지적한 바 있다. 그리고 이들 학자들은 문명사적 관점에 기초하여 사회의 다양한 영역에서 지식사회가 이전의 산업사회, 농경사회와 어떻게 다른 지를 설명하고 있다. 필자가 여기서 다시 지식사회로의 전환을 언급하는 것은 이 글의 자체 완결성을 위한 설명을 제시하는 것일 뿐, 필자의 독창적 생각을 나타내는 것은 아니다.

유발 하라리가 말하는 인지혁명[2] 이후 인류는 농업사회와 산업사회를 거쳐 지식사회로 변화해 가고 있다. 예전의 농업사회에서도 시장(market)의 교환은 있었으며, 경제생활에서 지식(knowledge)도 매우 중요한 역할을 해 왔다. 그러나 18세기 영국에서 촉발된 산업혁명을 통해 이러한 시장과 지식이 경제생활의 전면에 등장하게 되었다. 다만, 농촌의 과잉인구 문제로 도시로 넘어간 이농민(離農民)들이 대규모로 공장에서 노동자로 삶을 이어가면서 제품(product) 뿐만 아니라, 인간의 노동력도 노동시장에서 거래되면서 시장이 지식보다 먼저 우리 삶의 전면으로 부상

---

2) 유발 하라리, 「사피엔스」(조현욱 옮김, 이태수 감수), 2015.

하게 되었다. 상품의 사용자와 공급자가 다르다는 점에서 산업사회는 그 이전의 농업사회와 근본적인 차이를 나타내게 되었고,[3] 따라서 산업사회의 또 다른 이름은 시장사회라고 불러도 될 것이다.

통상적으로 산업사회(즉 시장사회)에서는 경제생활, 특히 생산활동에 사용되는 지식이 대학 또는 학계에서 주어지는 것으로 여겨졌다. 이 같은 통념은 경제학계에서도 받아들여진 것으로 2018년 노벨경제학상 수장자인 로머 교수가 거시경제성장모형에 내생적 기술변화를 반영하기 이전에는 경제성장의 동력으로서 기술혁신은 외생적으로 경제체제 밖에서 주어지는 것으로 간주되었다. 그러나 최근에 조엘 모키르가 상세히 설명하고 있듯이,[4] 산업혁명은 다름 아닌 인류의 학습혁명으로 평가할 수 있을 정도로 산업사회의 도약에는 지식혁명이 자리 잡고 있었다.

농업사회와 산업사회의 저변에 도도히 흐르고 있던 인류의 지적 발전이 문명의 최전선으로 나타나기 시작한 것은 제2차 세계대전 이후부터이다. 드러커가 지적하듯이 인간의 생산과정에 지

3) 토플러는 이러한 수요자-공급자 간의 차이를 산업문명의 핵심적 특징으로 설명하면서, 화폐경제체제나 사회주의 계획경제체제 모두 수요-공급이 분리되었다는 점에서 시장을 통해 경제적 조정이 일어나는 공통점이 있다고 보고 있다(토플러, 「제3물결」, 한국경제신문사, 1992의 pp.58-64).

4) 조엘 모키르, 「성장의 문화 : 현대경제의 지적 기원」(김민주 · 이엽 옮김), 2018.

식이 본격적으로 결합하기 시작했을 뿐 아니라, 사무직 근로자 중에 상당 부분이 지식 근로자로서 역할을 하게 된 것이다. 토플러도 이러한 문명사적 전환을 간파하고 1980년에 그의 저서 「제3물결」을 통해 지식정보 문명의 도래를 주장한 것이다.

이렇게 지식사회가 도래하면서 인류의 문명이 근본부터 다시 바뀌고 있다. 물론 농업문명에서의 농업·수산업의 중요성, 산업사회에서의 기계적 생산과 시장거래의 중요성은 여전히 지식사회에서도 유효하다. 그러나 앞의 문명사적 전환과 같이, 경제사회의 지배적 기능이 농업에서 공장으로, 다시 공장에서 지식의 창출과 활용으로 옮겨가고 있는 것이다. 즉 지식사회는 경제활동에 필요한 지식의 창출과 활용이 근본적 경제문제로 여겨지고, 농업과 산업 생산의 문제는 여전히 중요함에도 불구하고 그 우선순위가 뒤처지는 상황이 될 것으로 생각된다.

지식의 독특성과 새로운 경제학의 필요성

산업사회, 즉 시장사회의 경제학을 설명하는 이론 중에 가장 설득력이 있는 것은 영국의 20세기 경제학자 라이어넬 로빈스의 경제학에 대한 정의이다. 그는 "경제학은 인간의 행위를 목적과 희소한 수단 사이의 관계라는 측면에서 연구하는 학문"이라고 설명한 바 있다.[5] 이러한 경제학의 정의는 물론 지식사회에서도 그대로 유효하다. 그러나 원론적으로 지식은 인간의 지적 활동을 통해 무수히 만들어 낼 수 있다는 측면에서 기존의 물리적 한계를 지니는 제품과 서비스와는 차이가 있다. 즉 경제학의 중요 주제가 '희소성의 관리'에서 '가치 있는 지식의 폭 넓은 창출과 활용'으로 바뀌어 갈 것으로 전망된다. 또한 지식과 전통적 상품(재화 및 서비스) 간의 근본적 차이로 인해, 전통적 경제학의 패러다임 쉬프트(paradigm shift, 즉 세계관의 변화)가 일어날 것으로 생각된다.

지식과 기존의 상품(제품과 서비스) 간에는 매우 근본적인 차이가 존재한다. 전통적 경제학의 분석대상인 (기존의 시장에서 거래되는) 제품과 서비스는 거래 전에 거래 당사자 간에 거래대상에 대한 식별(identification)이 가능하다는 특징이 있다. 그러나 지식을 거래할 때에는 이러한 식별가능성(identifiability)에 문제가 생기게 된다. 물론, 지식과 정보 중에서 상당수의 경우에는 서로 간에 이를 미리 식별하거나 정의(definition)할 수 있다. 예를 들어, 책, 음악, 영화 등은 시장에서 거래되는데 큰 어려움이 없다. 그러나 또 다른 많은 경우에 있어 지식은 식별가능성에 큰 문제가 나타난다. 특히 새로운 지식이 창출되는 경우에 이러한 어려움이 극명하

5) 김진방 · 박만섭 · 이규상 · 최정규 · 홍훈, 「경제의 교양을 읽는다(현대편)」, 2014의 p.25.

게 나타난다. 예를 들어, 초기에 연구개발 사업을 진행할 경우, 그 산출물이 성공적으로 만들어질지 미리 알 수 없다. 이 같은 불확정성에도 불구하고, 연구과제 예산 또는 계약금액이 책정되어 연구가 추진된다. 즉 연구 결과가 확정되지 않았는데도 불구하고, 거래가 일어나고 있는 것이며, 이는 분명히 전통적 재화나 서비스를 대상으로 하는 거래와 다른 것이다.[6] 또한 연구과정에서도 식별가능성의 문제가 크게 나타난다. 기존의 재화, 서비스, 노동력 등은 잘 정의되는(well-defined) 자산이다. 따라서 이들 잘 정의된 자산 간의 효율적 결합(combination)을 통한 생산은 일종의 수학문제 풀이가 될 것이다. 그러나 많은 경우의 연구과정에서는 사전적으로 이러한 연구 자산들을 잘 정의할 수가 없다. 특히 연구자산 간의 시너지가 어떻게 생길 수 있는 지는 연구를 실제로 진행해 보기 전에는 알 수가 없는 경우가 많다. 따라서 이제는 불명확한(ill-defined) 자산 간의 시너지 창출이 큰 과제가 되고, 필자가 알기로 이러한 상황에 적용될 수 있는 수학적 알고리즘은 아직 없는 것으로 이해된다.[7]

6) 필자가 종사하는 경제사회 연구 영역에서는 연구 과제를 소위 '연구용역'으로 부르고 있으며, 이는 연구를 기존의 단순 서비스(용역)로 보는 관점이 들어간 것이다. 그리고 연구 관리도 기존의 제품 생산에 사용되는 개념을 가져와 적용하고 있다. 즉 연구개발의 특수성이 반영된 연구 관리기법이 아직 만들어지지 못했다고 생각된다.

7) 이렇게 불명확한 상황에 대한 수학적 접근이 어려운 것은 기존의 수학적 논의가 식별가능성을 전제하고

따라서 전통적 경제학이 잘 정의된 자산의 효율적 배합(combination 또는 allocation)을 위해 수리적 모형화 방법론을 적극적으로 사용했다면, 지식사회 경제학에서는 잘 정의되지 못한 자산을 활용하여 시너지를 내고 소기의 성과를 만들어 낼 수 있는 연구방법론이 필요해 진다. 즉 이는 전통적 경제학이 시장이라는 제도를 활용하여 미시적 효율성과 거시적 안정성을 확보하는 방법을 알아냈다면, 지식사회 경제학은 시장을 포함한 다양한 사회경제적 제도와 문화를 통해 지식창출과 활용을 활성화할 수 있는 방법을 알아내야 하는 것이다.

이항(二項) 대립의 수요-공급이 아닌 삼항(三項) 순환의 분업

19세기에 영국의 경제학자 마셜이 시장의 수요-공급과 가격결정을 설명하기 위해 명시적으로 도입한 수요-공급 모형이 경제학 논의의 출발점으로서 광범위하게 사용되어 왔다(아래 그림 참조).

있기 때문인 것으로 이해된다. 예를 들어, 현대수학의 대표적 기초 이론인 집합 이론(set theory)도 집합 원소에 대한 식별과 정의를 전제로 하고 있다. 따라서 필자는 지식사회 경제학에서는 이러한 식별가능성이 낮은 상황을 분석할 수 있도록 수학적 개념과 언어의 개발이 필요하다고 생각한다.

이항대립으로서 수요-공급 모형

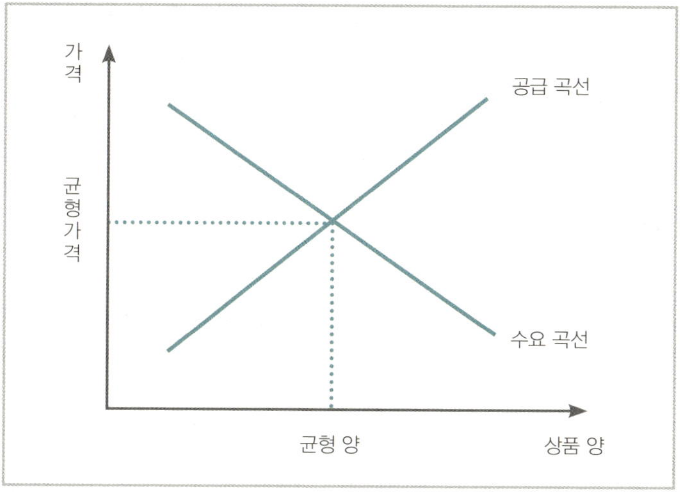

물론 이 같은 마셜의 시장거래에 대한 수요-공급 모형은 그 자체적으로 매우 유용한 이론이지만, 현대의 지식사회경제를 이해함에 있어 분명한 한계점이 있다. 즉 이항대립의 수요-공급 모형이 수요자와 공급자 간의 관계를 매우 분명히 나타내어 주지만, 시장경제의 상호의존적 관계를 보여주기에는 다소 부족한 면이 있다. 물론 미시경제학의 일반균형이론(general equilibrium theory)이나 거시경제학의 국민경제순환모형에서는 시장의 상호의존성

이 명시적으로 나타난다. 그럼에도 불구하고, 이항대립의 수요-공급 모형을 대신하여 (아래에서 제시하는) 삼항 순환의 분업을 강조하는 것은 경제에 대한 이해의 출발점으로서 삼항 순환의 분업체계 모형이 가지고 있는 다양한 장점 때문이다.[8)]

삼항 순환의 분업체계로서 경제는 최소 3인으로 구성된 경제체계이며 다음 그림과 같이 나타낼 수 있다.

삼항(三項) 순환의 분업체계 모형

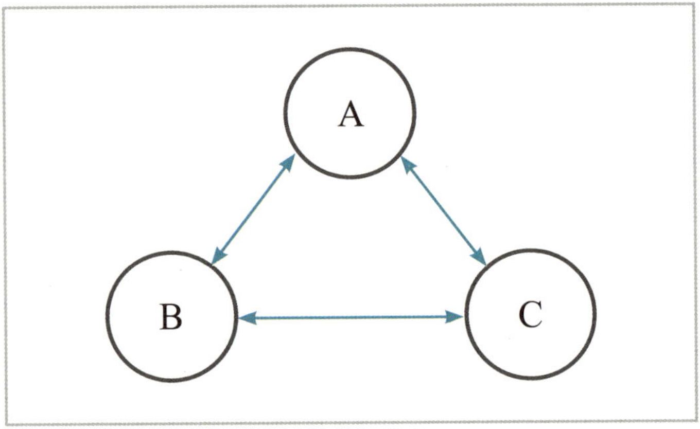

8) 이어령 교수께서는 양자택일의 '동전 던지기'가 아닌 삼항 순환의 '가위바위보'가 우주의 법칙이라고 말씀하시고 있다(이어령 · 정형모, 「이어령의 지의 최전선」, 2016.의 p.276). 또한 양자역학의 대가(大家) 하이젠베르크 또한 헤겔의 정반합 삼단논법을 예로 들며 삼항 체계의 우수성을 언급하고 있다(베르너 하이젠베르크, 「부분과 전체」(유영미 옮김), 2016의 p.390).

먼저 삼항 순환의 분업체계 모형은 앞서 살펴본 이항대립의 수요-공급 모형을 포함하는 일반적 모형이다.[9] 예를 들어, A와 B의 상호관계가 시장의 수요-공급 관계이면, 앞의 수요-공급 모형을 삼항 순환 체계의 일부로 반영할 수 있는 것이다. 따라서 시장경제가 자신의 이기심(self-interest)에 의해 이루어지는 교환을 통해 사회적으로 바람직한 결과를 만들어 낸다는 아담 스미스(Adam Smith)의 '보이지 않는 손'(invisible hand)의 기능도 이러한 삼항 순환 모형을 통해 이해할 수 있다.

다음으로 삼항 순환 모형은 화폐경제를 이해하는 최소규모의 상호의존 모형이다. 이 논의는 화폐경제인 시장경제를 이해하기 위해 매우 중요하기 때문에 좀 더 자세히 살펴보자. 먼저, 두 사람이 자신의 물건을 교환한다고 생각해 보자. 화폐를 통해 이러한 교환이 이루어지려면, 화폐로 표시된 가격이 두 개가 필요하다. 그러나 이 둘이 직접적으로 교환하면, 이 직접적 교환비율 한 개만 있으면 교환이 가능하다. 따라서 두 명의 교환경제에서는 오히려 화폐가 거추장스러운 것이 된다.

그러나 3명이 교환하는 경제를 생각해보자. 이 세 명이 각 자

9) 시장의 분업체계를 수요-공급의 이분법이 아니라, 경제주체의 분업체계로부터 분석을 하는 대표적 학자로 2004년에 작고한 Xiaokai Yang 교수가 있다. 그의 경제 이론에 대해서는 Yang and Liu, *Inframarginal Economics*, 2009를 참조하기 바란다.

의 물건을 교환하기 위해서는 총 3개의 교환비율이 필요하다. 직접 교환을 대신해 화폐를 통해 교환을 하게 되면 화폐 가격 3개가 필요하다. 즉 3명의 교환경제에서는 직접 교환과 화폐를 이용한 교환이 복잡함의 측면에서 동일하다. 그러나 교환 주체가 4명을 넘어서기 시작하면 화폐를 이용한 교환 체계의 복잡성이 훨씬 많이 줄어든다. 4명의 경우, 직접 교환비율이 6개가 필요해 진다. 그러나 화폐를 이용하면 화폐가격 4개만 있으면 된다. 일반적으로 교환되는 상품의 수가 n이면 직접 교환비율은 $\frac{n(n-1)}{2}$개가 필요하지만, 화폐를 이용하면 n개의 화폐가격만 있으면 된다.

바로 이 같은 교환의 매개수단(medium of exchange)으로서 화폐의 본질적 기능 때문에 중앙 집권적 계획경제보다 분권적 시장경제가 보다 효율적으로 기능할 수 있었던 것이다. 예를 들어, 상품이 1만 개라면 직접 교환비율이 약 5,000만 개 필요하지만, 화폐를 이용하면 1만 개의 화폐가격만 있으면 되는 것이다. 즉 경제의 규모가 커지고 분업이 확대될수록 중앙집권적 계획경제보다 화폐를 이용한 분권적 시장경제가 정보의 효율성 측면에서 크게 앞서게 되는 것이다.[10)]

---

10) 하이예크(Hayek)는 이 같은 교환의 매개수단으로서의 효율성 뿐 아니라, 시장경제의 가격체계가 일종의 정보전달 기능(signal)을 수행하고 있다고 강조하고 있다. 나아가 이러한 시장기능은 우리가 사용하는

또한 이항 모형과는 달리 삼항 모형에서는 실업(unemployment) 문제를 매우 가시적으로 볼 수 있다. 구체적으로 A가 B에 상품을 공급하고, B는 C에 공급하고, C는 A에 공급하는 순환 경제를 생각해보자. B가 어떤 이유로 해서 A의 상품이 불필요해지면, A는 이 경제에서 실업자가 된다. 문제는 이 경제는 삼항 순환 경제이기 때문에 A의 실업은 A만의 문제가 되지 않는다. A가 실업으로 소득이 없어지면, 다시 A가 C의 상품을 살 수 없게 되어 C도 또한 실업의 위험에 놓이게 된다. 결국, C가 실업자가 되어 B의 상품을 사지 못하게 되면 B도 실업자가 되어 이 순환 경제는 붕괴되는 것이다. 즉 시장경제의 불황의 악순환이 이항 모형에서는 보이지 않지만, 삼항 모형에서는 매우 간명하게 드러난다.[11)]

그렇다면 이러한 실업문제의 해결을 위해 가장 필요한 것이 무엇인가를 고민할 수 있다. 바로 처음에 문제가 된 A가 다시 이러한 분업체계로 들어 올 수 있도록 B가 필요로 하는 상품을 생산할 수 있는 지식을 A에게 제공하면 된다. 케인즈의 정부 재정정책을 통한 불황 극복 방안도 이 같은 생각에서 이해할 수 있다. 즉 인프

언어와 같이 사회의 자생적 질서(spontaneous order)이기 때문에 정부가 무분별하게 이에 개입하는 것이 바람직하지 않다고 주장한다.

11) 물론 케인즈의 불황 이론은 이 같이 단순하지 않다. 특히 케인즈는 자본주의 경제에서 금융 시스템과 투자의 불안정성 등이 유효수요 부족으로 이어져 공황과 같은 경제 불황이 나타나는데 주목했다.

라 투자 등의 공공투자정책을 통해 A가 다시 분업체계로 들어오게 하는 것이다. 즉 실업과 불황을 극복하기 위해 필요한 것은 실업상황에 놓인 사회 구성원이 분업체계로 들어 올 수 있도록 하는 사업 아이템인 것이다. 이러한 사업 아이디어는 민간 부문에서 나올 수도 있고, 정부 부문에서도 나올 수 있는 것이다. 따라서 필자는 케인즈의 유효수요(effective demand)가 이제는 유효지식(effective knowledge) 개념으로 확장될 필요가 있다고 생각한다.[12)]

나아가 삼항 모형은 경제 주체 간의 협력과 경쟁의 관계를 매우 자유롭게 반영할 수 있는 장점이 있다. 이항대립의 수요-공급 모형에서는 시장의 가격은 수요자에게는 비용, 공급자에게는 소득을 의미한다. 즉 한 편이 이익을 보면, 다른 한 편은 손해를 보는 말 그대로의 이항대립의 관계만을 나타낸다. 그러나 삼항 모형에서의 경제 주체 간의 관계는 이러한 이항대립을 포함한 경쟁적 관계도 고려할 수 있을 뿐 아니라, 협력의 관계 또한 반영할 수 있다. 즉 삼항 모형에서는 다양한 협력과 경쟁, 그리고 코오피티션(coopetition, 협력경쟁) 관계를 반영할 수 있는 유연성이 있다.

마지막으로 삼항 순환 체계는 기존의 경제학에서 연구된 다양

---

12) 이와 관련해서 케인즈와 슘페터의 이론을 종합하여 '수요창출 혁신'(demand– creating innovation)이라는 개념을 주장하는 요시카와 히로시, 「케인즈 VS 슘페터」(신현호 옮김), 2009의 논의가 주목된다.

한 상황분석(situational analysis) 사례에 적용할 수 있다.[13] 예를 들어, 수많은 경제 모형이 일반적으로 특정화되지 않은 n명의 경제로 구성되기 때문에, n=3인 삼항 경제 모형에서 이러한 결과가 성립하는 지를 사고실험(thought experiment)을 통해 검증해 볼 수 있다. 앞서 언급한 실업문제에 대한 사고실험이 이러한 사례에 해당된다.

지식사회 경제학의 이론화 및 모형화 방법론

앞서 지식은 '모르는 것을 아는 것'이라는 본연의 특성으로 인해 식별가능성이 약하다는 사실을 지적했다. 특히 이러한 낮은 식별가능성이 (경제 발전의 원동력이 되는) 지식창출과정에 매우 크게 나타난다고 지적했다. 그렇다면, 이러한 낮은 식별가능성에서 명확히 정의되는 상황(well-defined situation)으로 넘어가는 과정에 대한 이해가 요구된다. 이를 위해 필자는 이 책에서 중복해서 언급하는 포퍼(Karl Popper)의 과학철학적 논의와 보이솟(Boisot)의 논의를 소개하고자 한다.

먼저 포퍼는 주어진 문제 상황들을 해쳐 나가는 인간의 인식활

---

13) 과학철학자인 포퍼(Karl Popper)는 경제 분석을 상황 분석(situational analysis)이라고 평가했다.

동을 다음과 같은 도식으로 설명하고 있다.[14)]

$P_1 \rightarrow TT \rightarrow EE \rightarrow P_2$

여기서 P_1은 문제상황 1, TT는 잠정적인 이론, EE는 오류제거, P_2은 문제상황 2.

즉 P_1이라는 문제를 풀기 위해, 과감한 추측을 통해 TT라는 이론을 제시하고, 이를 실증적으로 검증하는 EE라는 오류제거 과정을 거치면서 지식이 만들어진다. 이 과정이 끝나면 우리는 다시 새로운 문제 P_2로 넘어가게 된다는 것이다. 포퍼의 이러한 지식창출과정은 개인의 삶에 적용될 뿐 아니라, 기업, 정부 등의 큰 조직들의 학습과정도 설명할 수 있다.

한편, 이러한 지식창출과정을 지식의 구조화와 확산의 관점에서 설명한 보이솟(Boisot)의 사회적 학습 사이클(Socical Learning Cycle) 이론이 지식창출에 대한 이해에 도움이 된다(아래 그림 참조).[15)] 먼저 S1의 상황에서 우리는 구조화되지 않은 문제에 직면한다. 이 상황에서는 자료(data)들이 명확히 이해되지 않은 불명확한 (ill-defined) 상태에 있다. 따라서 당면한 문제를 풀기 위해 우리는

---

14) 포퍼의 과학철학에 대한 참고서로는 칼 포퍼, 「객관적 지식 : 진화론적 접근」(이한구 · 정연교 · 이창환 옮김), 2013과 박은지, 「칼포퍼 과학철학의 이해」, 2001이 도움이 될 것이다.

15) 보이솟의 이론에 대한 대한 참고서로는 Boisot, *Knowledge Assets*, 1998과 Child, J. and M. Ihrig (eds.), *Knowledge, Organization & Management*, 2013이 도움이 될 것이다.

사회적 학습 사이클

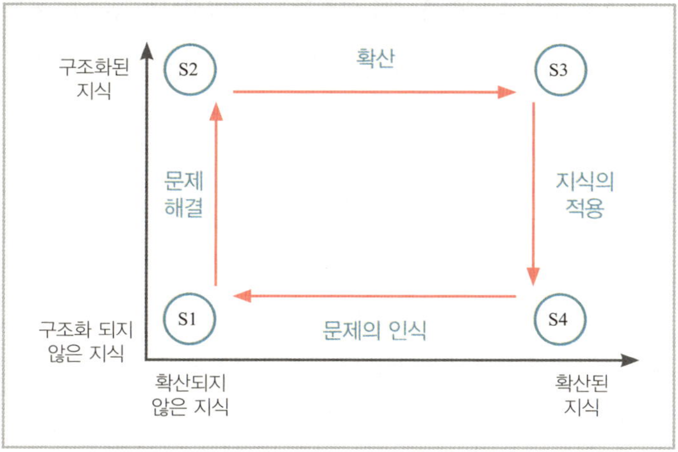

자료 : Boisot의 사회적 학습 사이클 이론을 수정・번역함

주어진 다양한 자료를 구분하고, 이들 속에 잠재된 패턴을 찾기 위해 노력한다(식별의 과정). 즉 구조화된 지식을 얻기 위해 노력한다는 것이다. 바로 이 국면에서 불명확한 자료를 구조화하기 위해 사용되는 것이 위에서 언급한 포퍼의 과학적 지식의 확보 방법이다. 즉 문제를 풀기 위해 가설을 세우고, 이 가설을 현실에 적용해 오류를 수정해 나가는 것이다. 물론 이러한 구조화된 지식은 유일하게 하나만 존재하는 것이 아니다. 그 문제를 푸는 사람의

수만큼 많은 지식이 가능하다.[16)]

이렇게 구조화되지 않은 문제를 푸는 과정에서 구조화된 지식이 도출되면(S2), 이는 서로 유기적으로 연결된 조직과 사회의 구성원에게 확산된다(S3). 이러한 확산과정을 통해 상위 단위(조직, 사회)의 지식 역량이 크게 향상되는 것이다. 다음으로, 이렇게 확산된 지식이 다른 사용자들에 의해 다른 부문에서 적용되면서 조직과 사회의 발전이 이루어지게 된다(S4). 그러나 바로 이러한 구조화된 지식을 구조화되지 못한 다른 상황에 적용하는 과정에서 새로운 문제 상황이 조성된다. 즉 포퍼의 상황이 나타나는 것이다. 이러한 문제의 인식과정에서는 기존 지식이 가지고 있는 한계점이 나타나고, 동시에 새로운 이해를 위한 기회요인도 보이게 된다.

이러한 사이클이 끝나면, 개인, 조직, 사회는 새로운 문제를 푸는 상황에 다시 들어가게 된다. 물론 실제의 학습과정은 이러한 일직선을 따라 이루어지지 않고, 다양한 상황들이 매우 복잡하게 엮여 진행하게 된다.

지식사회 경제학은 보이솟의 지식 구조화 논리와 유사한 방법을 통해 경제구조를 모형화한다. 먼저 모형의 각 요소(individuals)

---

16) 이와 유사한 논의로서 일본 학자인 노나카 교수는 지식을 말로써 표현할 수 있는 명목지(explicit knowledge)와 표현하기 어려운 암묵지(tacit knowledge)로 구분하여, 기업(조직)의 지식창출 메카니즘을 규명하고 있다.

와 관계(relations)를 식별(identification)한다. 즉 각 요소와 관계에 의미를 부여하는 것이다. 그 다음 모형화 작업은 이러한 요소와 관계 간에 존재하는 패턴(patterns)을 도출하는 것이다. 이렇게 식별과 패턴화 작업을 통해 동태적 경제구조를 모형화하여 분석대상인 특정 경제에 대한 이해를 증진시키는 것이다. 이러한 모형화 방법론은 전통적 경제학의 동태적 일반균형모형과 방법론의 차이가 없음을 확인할 수 있다. 앞서도 언급했지만, 지식사회 경제학은 전통적 경제학과 완전히 다른 것이 아니라, 새로운 지식사회에 부합하는 보다 일반적인 경제학을 지향한다는 점을 상기하면, 이 같은 동일성은 오히려 지식사회 경제학의 보편적 적용 가능성을 보여 주는 것으로 이해된다.

지식사회 경제학의 상보성 원리 (Complementarity Principle)

현대 양자역학(量子力學)에서는 실재(實在) 물리세계를 이해하기 위해서는 서로 상충되는 개념이 동시에 사용되어야 한다는 상보성(相補性, complementarity)의 원리를 받아들이고 있다. 지식사회 경제학에서도 이 같은 상보성 원리가 매우 유용한 원리로서 기능할 수 있다.

1) 다양성과 조화

우리나라 헌법 전문에는 "자율과 조화를 바탕으로" 사회적 질서를 만들어 간다고 규정하고 있다. 이 헌법 규정은 다양한 사회 분야에 적용될 수 있으며, 경제 영역에서도 매우 중요한 원칙이 된다. 즉 다양한 사회 구성원의 자율성을 보장하고, 동시에 사회적 조화도 추구한다는 것이다.

그러나 다양성을 확대하는 것은 그 만큼 많은 차이가 나타나는 것이기 때문에 조화로움이 약화될 개연성이 있다. 거꾸로 조화를 강조하게 되면 다양성이 줄어들 우려가 있다. 즉 다양성과 조화는 서로 배타적인 상충관계로 이해할 것이 아니라, 우리 사회에 공존해야 하는 가치로 상보적으로 받아들이는 것이 바람직할 것이다.

2) 협력과 경쟁

앞서 삼항 순환의 분업체계 모형을 지식사회 경제학의 기본 모형으로 제안했다. 그 전의 마셜의 이항대립의 수요-공급 모형은 시장에서의 경쟁에 초점을 둔 모형인데 반해, 삼항 순환의 모형은 경쟁 뿐 아니라, 협력의 가능성도 열어 놓고 있다. 즉 각 항들이 다른 항들과의 관계를 경쟁 관계로 맺을 수도 있고, 협력 관계 또는 협력경쟁 관계로 맺을 수도 있다.

통상적인 재화 및 서비스는 경합성(rivalry)을 지닌다. 즉 내가 이들 상품을 사용하게 되면 다른 사람은 이 상품을 사용하지 못한다. 그에 반해 지식은 비경합성(non- rivalry)을 가진다. 즉 내가 어떤 지식을 사용하는 것이 다른 이가 동일한 지식을 사용하는데 전혀 방해가 되지 않는다. 이 같은 경합성의 차이는 '통상적 상품'과 '지식'을 대하는 사회적 제도의 차이를 야기할 수 있다.

통상적 상품, 즉 경합재에 대해서는 시장의 경쟁을 통해 효율적인 경제적 조정(economic coordination)을 할 수 있다. 그러나 이러한 효율적 시장 메카니즘도 지식 영역에서는 그 한계를 드러낸다. 경쟁의 논리 보다는 오히려 협력의 논리가 지식, 특히 지식의 창출과정에 더욱 필요한 덕목이다. 예를 들어, 서로 벽으로 나누어진 채 소통하지 않으며 연구개발을 하게 되면 중복 연구를 비롯한 다양한 비효율성이 야기된다. 그에 비해 서로 긴밀히 소통하며 서로의 지식을 나누면서 연구개발을 하면 효율성이 제고되면서 큰 시너지를 낼 수 있다. 물론 연구개발 과정에서도 경쟁의 요소를 도입하여 효율성 제고 등의 효과를 볼 수도 있다. 따라서 협력과 경쟁에 대해서도 서로 배타적 관계로 보지 않고, 상보적 관계로 보는 관점이 필요하다.

3) 특허권의 본연적 딜레마와 대안

특허권을 포함한 지적재산권은 일종의 딜레마(dilemma)를 지닌다. 즉 지적재산권의 보호대상이 되는 새로운 지식에 대해서 일시적인 독점권을 부여하여 누구나 사용할 수 있는 지식을 만들 유인(incentive)을 제공하는데, 이는 만들어진 지식을 모든 사람이 자유롭게 사용하는 데에는 장애가 된다는 것이다. 이 문제를 지적재산권의 시각만을 가지고 이해한다면, 끝없는 딜레마만 나타난다. 즉 일시적 독점권을 약화시켜 지식의 활용도를 제고하면 지식창출의 유인이 줄어들어 새로운 지식이 그 만큼 덜 만들어진다. 반대로 일시적 독점권을 강화하면 지식의 활용도는 줄어들지만, 지식창출의 유인이 커져 새로운 지식이 많이 만들어진다.

이 같은 딜레마 문제를 푸는 것은 의외로 간단할 수 있다. 즉 서로 다른 특성을 지니는 지식창출 활동과 지식활용 활동을 구분하고, 이 둘 간의 상충관계에 주목하기 보다는 상보적 관계를 촉진하는 방향으로 대안을 생각해 볼 수 있다. 구체적으로는 지식창출에 대해서는 일시적 독점권이 아닌, 일정 수준의 상(prize)을 수여하여 지식창출의 인센티브를 제공하는 것이다.[17] 그리고 지식활용에 대해서는 원칙적으로 시장의 가격기능을 기반으로 평가

17) 대표적으로 노벨경제학상 수상자인 스티글리츠가 이러한 주장을 강하게 제기하고 있다.

하는 것이다. 지불능력이 있는 경우에 이러한 시장의 가치평가는 원활히 작동할 수 있을 것이다. 다소 예민한 사례로 보면, 지불능력이 부족한 사람에 대한 새로운 의약품은 기금을 조성하여 제공하고, 기금은 국제기구 및 관련 국가가 분담하도록 하여 원칙적인 시장의 가치평가가 작동할 수 있도록 하는 것이다. 물론 이러한 시장가치평가에 기반한 수익금은 다시 지식창출자에게 수여하는 상에 대한 재원의 일부로 사용할 수 있을 것이다. 이러한 메카니즘이 작동하면 지식창출 활동을 촉진하는 제도와 지식활용을 확대하는 제도 간에 상보적 시너지가 나타날 수 있다.

지식사회 경제학의 지향점

필자가 제시하는 지식사회 경제학은 현재 수준에서는 초보적 걸음마 단계이다. 그러나 필자가 계속해서 연구생활을 하면서 이 논의를 발전시켜 나간다면 미래에 보다 현실 적합적인 개념과 이론을 만들어 내고, 다양한 경제상황에 적용하여 실천력 있는 많은 대안적 경제정책을 모색할 수 있는 인식적 도구가 될 것으로 기대된다.

나아가 다소 외람되지만, 이러한 논의가 우리나라의 주권자인 일반 국민의 경제 이해를 향상시키는데 도움이 되었으면 한다. 경제학의 궁극적 사용자는 경제학자가 아니라 경제정책의 방향과 구체적 수단을 결정하는 주권자인 국민이 되어야 한다. 경제학자는 이러한 국민의 경제적 의사결정을 지원하는 필수적인 전문가 그룹의 일원이다. 따라서 우리사회 구성원들이 서로의 이해관계를 조정해 가며, 서로 발전할 수 있는 바람직한 사회구조를 만들어 가는데 필자의 이러한 논의가 도움이 되었으면 좋겠다는 기대감을 가져본다. 앞서 상보성 원리 부분에서도 밝혔지만, 이제 시장이 모든 경제활동을 조정하는 제도로서 그 역할을 다 할 수 없다는 것이 분명해졌다. 따라서 지식사회 경제학에서 제시하는 상보성 원리를 활용하여 다양한 제도와 문화를 통해 제반 경제적 조정 문제가 해결될 수 있을 것으로 기대한다.

1) 사회의 발전

필자는 아름다운 우리 헌법의 가치를 추구할 수 있는 보다 효과적인 경제 제도의 모색이 필요하다고 생각한다. 또한 현재 문재인 정부가 추진하고 있는 혁신적 포용국가로 가기 위한 구체적인 정책과 전략이 보다 다양하게 논의될 필요가 있다. 그렇다면 이러한 제도, 정책, 전략 등의 사회적 합의를 어떻게 도출할 수 있는가? 바로 이 지점에서 앞서 언급한 바 있는 과학철학자 포퍼의 이론이 필요하다. '열린 사회'를 주장한 포퍼는 기존 사회체제에 대한 점진적 비판과 개선을 통해 사회발전이 이루어져 나가야 한다고 주장했다. 여기서 비판이 바로 포퍼가 자연과학 방법론으로 제기한 반증(refutation)의 역할을 수행한다.

한 사회가 받아들이고 있는 법률과 정책은 그 시점까지의 최선의 논의결과로 얻어진 하나의 가설적(假設的) 제도이다. 이 제도도 언제든지 현실 적합성에 대한 건설적 문제제기를 통해 수정 · 보완, 즉 개선될 수 있다. 이러한 개선이 굳이 거대한 대안적 이론을 필요로 하지는 않는다. 다만, 기존의 제도와는 다르면서 동시에 조금 더 나은(simply a better different) 관점에서 점진적으로 개선이 이루어질 수 있다. 물론 이러한 사회의 발전 과정에서 다양한 상보적 요소(예를 들어, 성장과 분배 등)들이 검토될 수 있을 것이다.

2) 경제수축의 문제

지식사회 경제학이 풀어야 하는 과제 중 하나를 제안해 보고자 한다. 그 과제는 화폐적 시장경제가 과연 경제 수축(contraction) 현상을 감내할 수 있는 가에 관한 것이다. 언론보도를 통해 그리고 실제 생활의 경험을 통해 알 수 있듯이, 불황과 같은 경제 수축기는 국민들의 경제적 삶의 황폐화를 가져온다. 또한 인구구조학적 통계가 보여 주듯이, 인구절벽으로 인해 미래 생산가능인구가 급격하게 줄어들 경우, 과연 우리 경제 시스템이 이를 버텨낼 수 있는지에 대해 많은 학자들이 우려를 제기하고 있다. 지금까지 경제 수축에 대한 경제적 처방은 경제성장을 유도하여 수축현상 자체가 발생하는 것을 막아온 역사였다. 케인즈의 처방도 결국은 정부의 재정지출을 통해 경제성장을 유도하고 실업문제를 극복하는 것이었다. 이제는 경제 수축 자체를 사회가 받아들이면서도 실업과 같은 사회문제를 예방할 수 있는 제도적 장치를 강구할 필요가 있다는 것이 필자의 생각이다.

3) 제3섹터의 역할[18)]

현대 사회에서 시장과 정부 이외의 시민사회 등을 중심으로 한 제3섹터의 역할이 점증하고 있다. 종교 단체, 시민 단체 등을 중심으로 다양한 봉사활동이 이루어지고 있고, 기존의 시장 거래에서 소외된 다양한 경제 활동이 제3섹터에서 이루어지고 있는 것이다. 이러한 경제 활동은 대표적 경제 통계인 국내 총생산(GDP)에서 적합한 평가를 받지 못하고 있다. 이는 GDP가 시장 거래에 기

18) 제3섹터의 점증하는 역할에 대해서는 일찍이 토플러의 「부의 미래」, 리프킨의 「노동의 종말」에서 설명되고 있다. 우리나라에서는 다른백년의 이래경 이사장께서 "다른백년, 제3섹터 경제학을 선언한다"라는 글을 통해 이러한 흐름을 강조하고 있다.

반한 경제 통계이기 때문이기도 하다. 지식사회가 고도화될수록 이러한 시장 또는 정부 영역이 아닌 부분에서 더욱 많은 경제활동이 일어날 것으로 전망된다. 따라서 지식사회 경제학에서는 이러한 제3섹터의 효과적이고 효율적인 경제활동에 대한 이론 개발, 사례 연구 등을 수행할 필요가 있다.

4) 사회과학과 자연과학의 다름

기존의 경제학 교과서에는 자연과학은 실험을 할 수 있는데 비해, 사회과학은 실험을 할 수 없다고 설명하고 있지만, 최근에는 다양한 경제정책 실험과 경제행동 실험이 이루어지고 있어 이러한 구분법은 유효성을 잃은 것으로 보인다. 필자가 생각하는 경제학과 같은 사회과학이 물리학, 생물학과 같은 자연과학과 다른 가장 큰 차이점은 연구대상에 대한 이해(understanding)가 연구대상 자체를 변화시키는지 여부이다. 자연과학은 우리가 중력법칙을 이해한다고 하여, 중력 현상 자체가 변화하지는 않는다. 그러나 경제학에서는 우리가 문제가 있는 경제 시스템을 이해하고 그에 대한 개선책을 시행하는 것으로 인해 경제 시스템 자체가 변화한다는 특성이 있다.[19] 나아가 자연과학은 자연의 변하지 않는 수

19) 거시경제학계에서 유명한 계량경제학적 정책 평가에 대한 루카스 비판은 바로 이러한 특성을 경제정책

학적 구조를 발견(discovery)해 이를 해석하는 것이라면, 사회과학은 사회의 변화 가능한 수학적 구조를 발견할 뿐 아니라 발명(inventing)해서 만들어 갈 수도 있다.

글을 마치며

필자는 경제학의 목적이 홍익인간(弘益人間)의 구현이라고 생각한다.

기존의 경제학은 효율적 기업이 시장경쟁을 통해 소비자로부터 선택되면서 비효율적 기업은 시장에서 도태되어 경제 전체의 효율성이 제고된다고 설명한다. 그러나 이러한 남의 불행에 기반한 나의 행복 추구는 함께 살아가는 공동체의 덕목으로는 바람직하지 않다. 나아가 경제학의 목적이 홍익인간(弘益人間)의 구현이라면, 더욱 새로운 경제발전의 논리가 필요하다. 즉 경쟁을 통한 생존과 도태의 이분법이 아니라, 그 대안으로 기업의 학습역량을 제고하여 고객 만족이라는 기업 본연의 역할을 지속하면서 꾸준히 사업을 영위할 수 있도록 하는 경제 철학과 제도를 모색해 볼 것을 제안한다. 즉 시장에서의 고객 선택 기제를 원칙으로 함과 동시에 기업의 역량을 제고하는 정책을 추진한다면 실업 등의 경

영역에서 논의한 것이다.

제조정 문제가 크게 완화될 수 있을 것으로 기대된다. 즉 기존의 경제학 개념에서 보면, 적극적인 산업정책과 노동시장 정책을 통해 국민들의 삶의 질을 개선시켜 나갈 수 있다는 것이다.

끝으로 필자의 희망을 몇 가지 제시해 보고자 한다. 먼저, 이러한 경제학에 대한 다소 철학적인 논의를 통해 다양한 분파(分派)의 경제학 논의가 서로 대립하기 보다는 공통분모를 찾아 조화를 이루길 희망한다. 특히 우리나라에서 진화론적 경제학의 논의가 풍부해지길 희망한다.[20] 다음으로, 이러한 논의에 기반하여 국민, 기업, 정부, 제3섹터 등이 협력하여 효과적인 새로운 제도와 문화를 창조해 나가길 바란다. 이 같은 이론적이고 실천적인 노력을 위해 필자는 이제 경제학이 '제도론적 가치이론'(institutional value theory)을 만드는 것이 필요하다고 생각한다. 끝으로 우리 사회의 큰 사회적 현안이 되고 있는 산업안전 문제도 이러한 지식사회 경제학의 관점에서 무사고 100%를 목표로 해결되길 기원해 본다.

---

20) 진화론적 경제학에 대한 입문서로는 Nelson · Winter, 「진화경제이론」(이정동 · 박찬수 · 박상욱 옮김), 2014가 있다.

2

지식창출, 경제학의 새로운 지평을 연다

들어가며

지식창출의 거시경제적 함의를 분석한 미국의 로머 교수는 2018년 노벨경제학상을 수상했다. 그는 경제제도론의 발전을 첫 번째, 시장의 중요함과 재산권 같은 시장시스템의 기능을 중요시하는 고전이론과 두 번째, 경기변동 문제를 처리하는 데 도움이 되는 경제제도의 구축에 관한 이론, 세 번째로 최근의 지식기반경제의 부상에 따라 기술혁신, 즉 새로운 아이디어 개발의 촉진 문제를 다루는 경제제도 이론의 등장으로 설명한 바 있다.[1)]

필자는 이 같은 현대의 지식기반경제에서 로머 교수 등이 주장하는 특허권 보장, 기업가 정신의 발현 촉진 등의 제도적 지원이 필요하다는 주장에 전적으로 동의한다. 나아가 이 글을 통해 새로운 지식의 창발이 풍성해지고 있는 현재의 우리 경제사회에서, 수리적 모델 방법론이 전통 경제학에서 나타낸 성과와 지식창출 경

---

1) 매일경제 1998년 8월 4일자

제학에서 노정하는 한계를 살펴본 후, 지식창출을 이해하는데 도움이 되는 과학철학의 논의와 보이솟(Boisot)의 논의 등을 소개하고자 한다. 그리고 마지막으로 지식창출 경제학의 중요성과 역사적 함의를 생각해 보고자 한다.

전통 경제학에서의 수리적 모델 활용의 성과

로머 교수의 지적과 같이, 지식기반경제가 대두하기 이전의 경제학은 시장기능의 원활한 작동을 통한 효율성 달성과 거시경제의 변동성을 줄여 경제생활 안정을 기하는데 큰 기여를 했다. 이 과정에서 경제학이 채택한 패러다임은 수학에 크게 의존하는데, 이는 경제학 교과서의 앞부분에 등장하는 모델을 통한 경제학적 사고로 대표된다고 볼 수 있다.

모델을 통한 현실의 이해는 단순화에 따라 필연적으로 복잡한 사실관계를 반영하지 못한다는 문제점을 가지게 된다. 그러나 모델분석의 목적이 이 같은 복잡성의 미반영 문제에 크게 영향을 받지 않고, 소기의 성과를 거둘 수 있다면 현실에 대한 적합한 축소판으로서 모델은 큰 의미를 가질 것이다. 이 같은 모델을 통한 경제학의 발전은 필자가 재삼 강조할 필요 없이, 경제학의 역사가

증명하고 있다고 생각된다.[2)]

나아가 지식영역의 많은 부분이 기존의 모델을 활용한 방법론으로 이해될 수 있다. 지식이라는 존재물(entity)이 미리 명확히 이해만 된다면, 이를 효율적으로 활용하는 메카니즘의 설계와 지식이 거시경제의 성장 및 변동에 미치는 효과를 분석할 수 있다. 즉 기존의 미시 및 거시경제학을 지식영역에 접목할 수 있을 것이다. 또한 경제부문 간의 기술적 연계성을 분석하는 산업연관분석과 선진경제의 기술을 체화한 해외직접투자 등의 전통적 경제통계를 활용하여 경제 내에 지식의 흐름을 간접적으로 이해할 수도 있다. 또한 지식흐름을 보여 주는 지식지도(knowledge map)를 작성할 수 있는 가능성 또한 배제할 수 없을 것이다.

지식창출 경제학에서 수리적 모델 활용의 한계

이 같은 모델분석의 우수성과 현재 차지하고 있는 독보적 위치에도 불구하고, 지식창출 및 혁신의 활성화를 위한 경제학의 접근법으로서는 큰 한계가 있다는 것이 필자의 생각이다. 익히 아는 바와 같이, 모델구축에는 잘 정의되는 집합(set)이 우선적으로 이

2) 경제학에서의 모델의 역할에 대한 심층적 논의는 Rodrik, *Economics Rules*, 2015(대니 로드릭, 「그래도 경제학이다」(이강국 옮김), 2016)에서 찾을 수 있다.

해되어야 한다. 즉 집합의 원소(element)들의 속성이 명확히 정의될 필요가 있다. 이 집합의 원소에는 모델을 구성하는 요인과 그들 간의 관계 등이 모두 포함될 수 있다.

앞서의 설명과 같이, 시장효율성과 거시적 안정성을 설명하는 모델은 모두 이와 같은 잘 정의된 집합론에 기초하여 정립되었다고 해도 과언이 아닐 것이다. 그러나 지식창출, 즉 새로운 아이디어 개발의 촉진을 다루는 세 번째 단계의 경제학에서는 이 같은 집합론의 방법론적 기초가 크게 도전을 받게 된다. 왜냐하면, 지식창출이란 애초에 알지 못하는 사실에 대해 알아가는 행위로서 처음부터 그에 대한 정확한 이해, 특히 집합론을 활용할 만큼의 이해를 경제학자가 할 수 없는 경우가 많기 때문이다.[3]

달리 표현하면, 지금까지의 시장경쟁을 통한 효율성 증대와 거시경제적 안정성 추구가 잘 정의된 생산자원의 효율적 배합이라는 목표를 두고 모델분석을 통해 이해되었다면, 이제는 지식창출 영역을 개척함으로써 잘 정의되지 않은 자원의 그 자체 효율성을 제고함으로써 우리 인류의 삶의 질이 개선될 수 있을 것이다.

특히 지식창출영역에서 이 같이 사전적(事前的)으로 집합론적

3) Stiglitz and Greenwald, *Creating a Learning Society*, 2015(스티글리츠 & 그린왈드, 「창조적 학습사회」(김민주 · 이엽 옮김), 2016)에서도 연구와 학습은 이 같이 미지의 세계에 대한 탐구라는 점이 강조되고 있다.

인 이해가능성이 낮다는 점은 혁신과정에서의 상호 협력 및 시너지 창출과정과 큰 관련성을 지닌다. 즉 서로 정확히 이해하지 못하는 상황에서 공동의 혁신 목표를 가지고 서로 협력하여 성과를 거두는 과정은 집합론적 인식에 기초한 전통적 경제학 방법으로 이해하기 어렵다고 생각된다. 따라서 새로운 방법론의 필요성이 자연스럽게 나타난다.

지식창출에 대한 다양한 논의

현대 지식사회에서 다양한 분야의 지식이 있지만, 가장 실용성이 높고 객관적인 지식은 과학적 지식(scientific knowledge)일 것이다. 따라서 이러한 과학적 지식이 만들어지는 방법에 대한 이해는 앞서 언급한 경제적 지식창출과정을 이해하는데도 도움이 될 것이다. 최근에 과학철학계의 다양한 논쟁에도 불구하고, 과학적 지식의 발전과정을 포퍼(Karl Popper)의 설명을 통해 이해할 수 있다.[4] 포퍼는 다음과 같은 도식으로 과학지식의 성장을 설명한다.

$$P_1 \rightarrow TT \rightarrow EE \rightarrow P_2$$

---

4) 포퍼의 과학철학에 대한 참고서로는 칼 포퍼, 「객관적 지식 : 진화론적 접근」(이한구 · 정연교 · 이창환 옮김), 2013과 박은지, 「칼포퍼 과학철학의 이해」, 2001이 도움이 될 것이다.

여기서 P_1은 문제상황 1, TT는 잠정적인 이론, EE는 오류제거, P_2은 문제상황 2.

즉 P_1이라는 문제를 풀기 위해, 과감한 추측을 통해 TT라는 이론을 제시하고, 이를 실증적으로 검증하는 EE라는 오류제거 과정을 거치면서 과학지식이 만들어진다는 것이다. 이 과정이 끝나면 우리는 다시 새로운 문제 P_2로 넘어가게 된다는 것이다. 포퍼의 이러한 지식창출과정은 개인의 삶에 적용될 뿐 아니라, 기업, 정부 등의 큰 조직들의 학습과정도 설명할 수 있다.

한편, 이러한 지식창출과정을 지식의 구조화와 확산의 관점에서 설명한 보이솟(Boisot)의 사회적 학습 사이클(Socical Learning Cycle) 이론이 지식창출에 대한 이해에 도움이 된다(아래 그림 참조).[5] 먼저 S1의 상황에서 우리는 구조화되지 않은 문제에 직면한다. 이 상황에서는 자료(data)들이 명확히 이해되지 않은 불명확한(ill- defined) 상태에 있다. 따라서 당면한 문제를 풀기 위해 우리는 주어진 다양한 자료를 구분하고, 이들 속에 잠재된 패턴을 찾기 위해 노력한다(식별의 과정). 즉 구조화된 지식을 얻기 위해 노력한다는 것이다. 바로 이 국면에서 불명확한 자료를 구조화하기

5) 보이솟의 이론에 대한 대한 참고서로는 Boisot, *Knowledge Assets*, 1998과 Child, J. and M. Ihrig (eds.), *Knowledge, Organization, & Management*, 2013이 도움이 될 것이다.

위해 사용되는 것이 위에서 언급한 포퍼의 과학적 지식의 확보 방법이다. 즉 문제를 풀기 위해 가설을 세우고, 이 가설을 현실에 적용해 오류를 수정해 나가는 것이다. 물론 이러한 구조화된 지식은 유일하게 하나만 존재하는 것이 아니다. 그 문제를 푸는 사람의 수만큼 많은 지식이 가능하다.[6]

사회적 학습 사이클

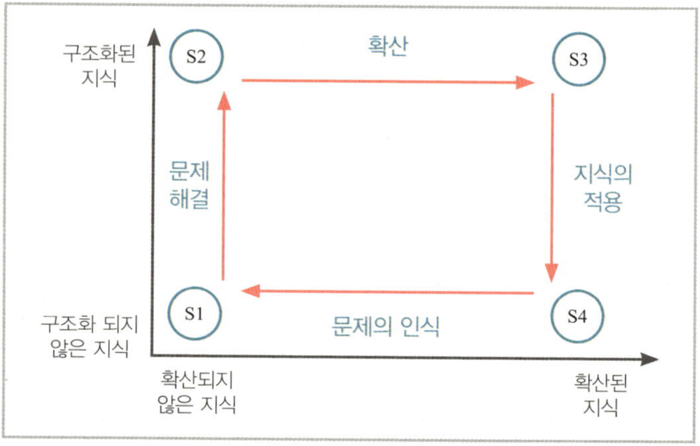

자료 : Boisot의 사회적 학습 사이클 이론을 수정·번역함

---

6) 이와 유사한 논의로서 일본 학자인 노나카 교수는 지식을 말로써 표현할 수 있는 명목지(explicit knowledge)와 표현하기 어려운 암묵지(tacit knowledge)로 구분하여, 기업(조직)의 지식창출 메카니즘을 규명하고 있다.

이렇게 구조화되지 않은 문제를 푸는 과정에서 구조화된 지식이 도출되면(S2), 이는 서로 유기적으로 연결된 조직과 사회의 구성원에게 확산된다(S3). 이러한 확산과정을 통해 상위 단위(조직, 사회)의 지식 역량이 크게 향상되는 것이다. 다음으로, 이렇게 확산된 지식이 다른 사용자들에 의해 다른 부문에서 적용되면서 조직과 사회의 발전이 이루어지게 된다(S4). 그러나 바로 이러한 구조화된 지식을 구조화되지 못한 다른 상황에 적용하는 과정에서 새로운 문제 상황이 조성된다. 즉 포퍼의 상황이 나타나는 것이다. 이러한 문제의 인식과정에서는 기존 지식이 가지고 있는 한계점이 나타나고, 동시에 새로운 이해를 위한 기회요인도 보이게 된다.

이러한 사이클이 끝나면, 개인, 조직, 사회는 새로운 문제를 푸는 상황에 다시 들어가게 된다. 물론 실제의 학습과정은 이러한 일직선을 따라 이루어지지 않고, 다양한 상황들이 매우 복잡하게 엮여 진행하게 된다.

그러면 이러한 학습 알고리즘을 거쳐야 하는 기업에는 어떤 투자전략이 적합할까? 필자는 이정동 교수가 「축적의 길」에서 주장하는 '스몰베팅 스케일업'(small betting scale up) 투자 방식이 바람직하다고 생각한다.[7] 즉 시간을 두고, 학습이 진전되면서 조금씩

7) 이정동, 「축적의 길」, 2017의 pp.251-255. 참조.

투자를 하며 성공과 실패를 확인해 가면서 최종 아이디어의 완성된 형체를 도출해 가는 것이다. 즉 학습 초기에 정확하게 알 수 없는 전체 그림에 대해 대규모 투자를 감행(빅베팅, big betting)하기보다는 다양한 학습 활동에 분산하여 순차적으로 투자하는 것이 바람직하다.

한편 경제적 지식창출과 관련하여 미래창조과학부 초대 차관을 역임한 윤종록의 이매지노베이션(imaginovation, imagination + innovation, 상상 + 혁신) 이론도 주목할 가치가 있다.[8] 이스라엘의 도전정신을 상징하는 후츠파(Chutzpah)를 창조경제의 관점에서 해석한 이 논의는 다양한 경제주체의 풍부한 상상력을 과학기술과 접목시켜 도전과 혁신을 통해 경제발전을 추구하자는 것이다.

이 같은 상상-도전-혁신으로 이어지는 과정에서 기초적인 밑그림 그리기(개념설계) 역량이 매우 중요한 역할을 한다. 이와 관련하여 앞서 소개한 이정동 교수는 우리나라가 과거 선진국 따라잡기의 '실행' 중심의 경제 패러다임에서 '개념설계' 중심의 새로운 패러다임으로 옮겨가지 못했기 때문에 한국경제가 어려움을 겪고 있다고 진단한다. 나아가 개념설계 역량을 강화하기 위한 구체적인 방법론으로 이정동 교수는 도전적 시행착오 경험을 쌓아가

---

8) 윤종록의 논의에 대한 참고서로는 윤종록, 「이매지노베이션」, 2015가 도움이 될 것이다.

며 '축적의 경험'을 가질 것을 권고하고 있다.

또한 지식창출의 방법을 이해하는 관점으로 기업(조직)의 경영이론을 살펴볼 수 있다. 피터스와 워터먼은 「초우량 기업의 조건」[9]에서 실험정신을 갖춘 기업이 고객에 밀착하여 어떻게 경제적 지식을 창출하며 기업의 지속적 발전을 추구하는 지를 매우 설득력 있게 설명하고 있다. 앞서 보이솟이 지식창출에 문화의 중요성을 강조한 것처럼, 피터스와 워커먼 또한 기업이 고객이 필요로 하는 상품(제품 및 서비스)을 지속적으로 만들어감에 있어 기업의 문화적 요소가 매우 중요함을 보이고 있다.[10]

지식창출 경제학의 중요성과 역사적 함의

일찍이 죠셉 슘페터가 자본주의가 끊임없는 창조적 파괴(creative destruction)를 통해 발전한다는 점을 간파한 이래, 실제로 자율적인 기업이 주도하는 시장경제는 사회주의 계획경제에 비해 구성원의 삶의 질을 개선함에 있어 우월하다는 점이 역사적으로 증명되었다고 생각된다. 그러나 지난한 우리 사회경제 시스템

9) 톰 피터스 · 로버크 워터먼, 「초우량 기업의 조건」(이동현 옮김), 2005.

10) 이 같은 지식창출 관점에서 경영이론을 접할 수 있는 교양서로 박기찬 · 이윤철 · 이동현, 「경영의 교양을 읽는다(고전편)」, 2005가 큰 도움이 되었다. 아울러 해운산업 종사자는 길광수, 「해운 · 항만물류 경영전략 : 이론과 실제」, 월드오션, 2018도 큰 도움이 될 것이다.

의 발전과정에서 끊임없이 무한한 성장을 요구하는 자본주의적 발전의 지속가능성에 대한 문제제기가 있어 왔던 것도 사실이다.

필자는 지식창출영역의 개척을 통해 이 같은 만성적 문제가 해결될 수 있다고 생각한다. 잘못 생각하면 자본주의적 발전이 무한한 물적 생산의 증대로 이해되고, 이는 로마클럽의 성장의 한계(The Limit to Growth)의 주장과 같이 지구상의 인류에게는 지속가능한 선택대안이 될 수 없는 것으로 비쳐질 수 있다. 그러나 선진경제에서 서비스부문의 비중이 높아지는 것에서 볼 수 있듯이, 자본주의적 발전은 물적 생산의 끝없는 확대를 요구하지 않을 수 있다. 오히려 자본주의적 발전이란 소비자가 서비스 및 제품의 소비를 위해 지출하는 가치총액이 끊임없이 증가함으로써 지속될 수 있다. 즉 우리의 삶의 질이 지속적으로 향상될 수 있도록 이를 공급하는 기업의 역량이 지속적으로 발전하는 것만으로 우리의 사회경제 시스템은 나아갈 수 있고 운영될 수 있다는 것이다. 이와 관련하여 일본의 히로시 교수가 제안하는 '수요창출 혁신'(demand-creating innovation)의 활성화[11]는 케인즈(유효수요이론)와 슘페터(혁신이론)의 문제의식을 동시에 해결하는 대안이 될 수 있을 것이다.

---

11) 요시카와 히로시, 「케인즈 VS 슘페터」(신현호 옮김), 2009.

요약하면, 우리는 지식창출 활성화를 위한 다양한 제도를 개발할 필요가 있으며, 이에 대해 경제학자는 기존의 연구방법론을 넘어서는 다양한 시도를 실행함으로써 해답을 찾을 수 있을 것이다. 이렇게 다양한 학문적 노력을 통해 경제학은 200년이 넘게 자본주의적 발전을 걸어온 우리 인류에게 주어졌던 난제를 해결함과 동시에 우리의 삶의 질을 개선하는 데 큰 기여를 할 수 있을 것이다.

제 2 부

경제 조정에의 적용 : 전통적 경제학의 재해석

3

독일 질서 자유주의와 해운항만 산업정책

경제학의 아버지 아담 스미스는 1776년 국부론에서 시장의 '보이지 않는 손'(invisible hand)에 이끌린 경제 주체들이 자신의 의도와는 무관하게 사회 이익을 증진시킴을 설파했다. 이후의 경제학은 이 같은 시장의 기능을 둘러싼 지적 논쟁이었다 해도 과언이 아닐 것이다. 새삼스럽게 '질서 자유주의'(Ordo Liberalism)[1]라는 다소 철학적 주제와 해운항만 산업정책이라는 화두를 꺼낸 것은 다시금 시장 본연의 기능이 우리 해운시장에 어떤 의미를 가지는지를 되짚어 보자는 의도에서이다.

독일의 경제시스템은 흔히 '사회적 시장경제'(social market economy)로 평가된다. 사회적 시장경제는 자유 시장을 기초로 하여 공정경쟁, 복지국가 등의 정책을 병행하는 경제 · 사회 시스템으로 이해된다. 사회적 시장경제에서는 민간 경제주체에게 최대

1) 독일의 질서자유주의와 사회적 시장경제에 대해 관심이 있는 독자들은 황준성, 「질서자유주의, 독일의 사회적 시장경제」, 숭실대학교 출판국, 2011을 일독해 보길 권한다. 본 칼럼의 질서 자유주의에 대한 이해도 황준성의 이 책에 기초하고 있다.

의 자유경쟁을 보장하지만, 사회적 형평과 시장질서 확립을 위해 필요한 만큼 정부의 시장개입을 허용하고 있다. 우리나라도 헌법 전문에 "자율과 조화를 바탕으로 자유민주적 기본질서를 더욱 확고히" 한다고 규정하고 있는 바, 개인의 자유에 기초함과 동시에 사회적 조화를 추구하는 측면에서 사회적 시장경제의 요소를 지니고 있다고 생각된다.

질서 자유주의는 이 같은 독일의 사회적 시장경제에 철학적 기초를 제공하고 있다. 질서 자유주의가 1980년대 이후 세계경제질서를 주도한 신자유주의와 대비되는 것은 시장을 바라보는 관점의 차이에 있다. 신자유주의는 하이예크(Hayek)의 주장과 같이 시장을 인간의 언어와 같은 '자생적 질서'로 이해했다. 따라서 섣부른 시장개입은 오히려 역효과를 낼 뿐이다. 이에 비해 질서 자유주의는 시장에서의 질서를 경제에서 현실적으로 유효한 형태로 나타나야 하는 소위 규칙 카테고리로서 '설정적 질서'로서 간주한다. 이 같은 시장 기능에 대한 이해의 근본적 차이로 인해 신자유주의는 정부 역할을 최소화하는데 비해, 질서 자유주의는 정부를 '책임 있는 손'으로 간주하고 시장에 대한 정부의 배려와 손질이 필요하다고 주장한다. 즉 자유로운 시장이 자원배분 메카니즘으로서 꽃을 피우기 위해서는 정부가 경쟁질서를 창출하고 이를 지속적으로 보장하는 책임을 져야 한다는 것이다. 비유적으로 얘기하면, 신자유주의는 자유시장경제를 자생식물로 보았다면, 질서 자유주의는 재배식물로 간주한다.

1946년에 사회적 시장경제라는 용어를 처음 사용한 뮐러-아르막에 의하면 사회적 시장경제의 경제질서는 윤리적 이상에 의해서만 정당성을 얻는다. 이 윤리적 이상은 자유와 사회적 정의를 의미하는데, 자유에 기초한 개별 경제주체들의 경제행위가 사회적 목적과 타인들의 이익을 침해하지 않아야 함을 요구한다. 따라서 아담 스미스의 보이지 않는 손이 작동하기 위해서는 이기심을 가진 인간의 경제행위가 사회전체의 이익에 기여하는 방향으로 경제질서가 형성될 필요가 있고, 이 책임을 정부가 지게 된다는 것이다.

이와 같은 독일의 질서 자유주의는 정부의 독점규제 정책과 밀접히 연관된다. 아울러 다양한 시장에서의 공정경쟁 여건을 조성하는 정부의 역할로 이어진다. 끝으로 이 같은 경쟁에 대한 논의와 함께 독일의 사회적 시장경제는 사회간접자본의 정비 등에 대해 정부의 적극적인 정책개입이 필요하다고 인정하고 있다.

그렇다면, 이 같은 질서 자유주의에서 우리 대한민국의 해운항만 산업계는 어떤 교훈을 배울 수 있을까? 먼저 한진해운사태에서 국적 선사 육성의 필요성을 알 수 있다. 컨테이너선 시장은 산업의 특성상 과점화가 급격하게 진행되고 있고, 대형 얼라이언스들이 시장 지배력을 행사하고 있다. 선사들의 시장행위가 글로벌 차원에서 이루어지고 있지만, 그에 대응할 수 있는 글로벌 정부는 없는 상황이다. 아울러 독과점 글로벌 선사들의 영업전략이 글로벌 경제 전체의 이익으로 이어질 것으로 예단할 수도 없다. 그리고 경쟁력 있는 자국 선사가 없는 무역국가는 독과점 선사의 가격 차별화 전략에 의해 경쟁국에 비해 수출입 물류경쟁력이 저하될 우려가 크다. 따라서 우리나라가 수출입 물류서비스를 경쟁국 수준으로 제공받기 위해서는 우리의 힘으로 경쟁력 있는 선사를 육성해야 한다. 왜냐하면, 글로벌 시장이 자연적으로 경쟁국 수준의 물류서비스를 제공하지 않기 때문이다. 즉 자유로운 시장에서의 기업행동이 소비자에게 불편부당하게 영향을 미치지 않는 것이다. 시장의 실패가 인지되면 그에 대한 책임있는 정부의 배려와 손질이 필요하다. 즉 국가 산업정책 차원에서 효율적 국제물류 서비스의 확보를 위해 해운 산업정책이 요구된다.

다음으로 항만산업에 만연된 과당경쟁에 대한 적합한 정책이 요구된다. 항만산업은 서비스의 차별화가 곤란한 대규모 장치 산업 중 하나이다. 이 같은 산업 특성 아래에서 신규 진입 하역사들은 자신의 이익 극대화만을 고려하여 시장에 진출하지만, 이로 인해 사회적으로 발생하는 기존 하역사의 시장 잠식은 의사결정에 반영하지 않는다. 따라서 항만 하역시장에서는 과당경쟁이 발생할 개연성이 크고, 그로 인해 항만하역 부문의 시장질서가 문란해 질 우려가 있다. 따라서 항만하역시장에 대한 정책개입을 통해 이 같은 과당경쟁을 예방하고 산업의 건전한 발전을 도모할 필요가 있다. 2015년 7월에 시행된 부산항의 컨테이너 하역요금 인가제는 이러한 방향에서 바람직한 항만 산업정책의 일환으로 이해된다.

마지막으로 해운항만 산업생태계를 구성하는 다양한 연관 시장과 산업에 적극적 산업정책이 필요함을 알 수 있다. 이들 시장에는 인적자원 육성, 갑을 관계로 대변되는 공정거래의 훼손, 4차 산업혁명에 대한 대응 등의 부문에서 많은 시장실패, 나아가 시스템 실패가 나타날 개연성이 있다. 따라서 정부의 책임있는 배려와 손질이 필요하다. 과거 개발국가 시기에는 정부가 지나치게 시장에 개입하는 제1세대 산업정책을 펼쳤다. 그리고 사회가 민주화되고 IMF 구제금융 시기를 거치면서 규제완화를 통해 민간의 자율성을 대폭 확대하는 제2세대 산업정책이 시행되었다. 이제는 정부와 민간이 협력하는 스마트한 제3세대 산업정책으로 이러한 다양한 시장실패에 대응하는 노력이 필요하다.[2] 이러한 산업정책은 시장 기능이 작동하여 시장참여자의 이기적 행동이 사회적 이익으로 이어지는데 촉매제 역할을 할 수 있다.

마지막으로 질서 자유주의와 산업정책론의 담론을 이해하고 이를 해운항만 산업생태계에 접목하는 역할은 정부, 연구소 등의 공공 부문 뿐 아니라 민간 참여자에게도 요구됨을 강조하고자 한다. 공공 부문이 시장실패와 시스템 실패를 인지하기 위해서는 민간 부문의 도움이 절대적으로 필요하다. 공공 부문이 민간 부문만큼 정보를 갖지 못하는 것은 자명하다. 민간 부문은 이러한 공공 부문과의 지속적인 소통을 통해 시장의 결함을 보완하고, 자신의 이익 추구가 사회적 이익으로 이어질 수 있도록 부단히 노력해야 한다.

2) 해운산업에 대한 산업정책적 관점의 논의는 고병욱 · 길광수 · 안영균 · 김주현, 「산업정책적 관점에서의 주요국 해운정책 분석 및 정책방향 연구」, 한국해양수산개발원, 2017에 자세히 소개되고 있다.

4

우리 컨테이너 해운산업, '상생'과 '협력'으로 새 활로 열자

2017년 5월 9일이면 새로운 대통령과 정부가 일을 시작하게 된다. 우리 사회의 큰 변화가 예고되는 이 시기에 국내 컨테이너 해운산업도 '상생'과 '협력'을 통해 새로운 활로를 열어가야 할 것이다.

우리 컨테이너 해운산업이 어려움에 처해 있다. 9년 전 미국발 금융위기로 촉발된 세계 경제의 침체와 함께 글로벌 컨테이너 해운시장에서 나타난 운임인하 전쟁은 결국 우리나라 제1의 선사 한진해운의 퇴출로 이어졌다. 이 와중에 한국 해운은 신뢰라는 보이지 않는 결정적 자산에 큰 상처를 입고 말았다. 더욱이 우리나라 컨테이너 해운산업의 버팀목이었던 아시아 역내 시장에서도 과당경쟁에 따른 운임하락과 수익성 악화로 미래 전망이 불투명한 상황이다.

이 같은 총체적 어려움에 직면한 우리 컨테이너 해운산업이 다시 건강을 회복하고 순항하기 위해서는 '상생'과 '협력'이 절실히 요구된다. 그렇다고 고객이 왕인 시대에 기업 간 담합을 통해 고객의 희생을 담보로 부당한 이익을 얻을 수도 없고 그렇게 해서도 안 될 것이다. 이에 해운산업을 둘러싼 다양한 영역에서 상생과 협력 과제를 발굴하고 실천할 것을 제안하고자 한다.

우리에게 필요한 상생과 협력 과제를 파악하기 위해서는 우선 컨테이너 해운산업을 하나의 생태계로 바라보아야 한다. 이렇게 해운산업을 우리 경제의 수출입 물류 인프라를 제공하는 하나의 생태계로 바라볼 때 다양한 영역에서 상생과 협력의 필요성과 수단이 도출될 수 있다. 이 생태계에서 해운기업과 함께 살아가야할 가장 중요한 경제주체는 화주, 즉 운송을 필요로 하는 고객이다. 그리고 바다 길을 통해 운송서비스를 제공하기 위해서는 고가의 선박이 필요하기 때문에 이를 공급하는 조선소가 중요하게 고려되어야 한다. 그리고 해운기업에게 자금을 공급하는 금융기관 또한 매우 중요한 경제주체이다. 이들 거래 파트너와의 상생과 협력을 증진하기 위한 방안을 고민해 본다.

첫째, 선·화주 상생의 문화와 전통이 조성되고 강화되어야 한다. 해운시황은 어느 산업보다 큰 변동성을 지니고 있다. 불황기에는 선사가 어려움을 겪는 가운데 화주들이 저렴한 물류비로 혜택을 본다. 반대로 호황기에는 화주가 곤경에 빠진 가운데 선사들이 커진 운임수입으로 수익성 제고의 혜택을 누린다. 그러나 이렇게 해서는 선·화주 간의 상생이 이루어질 수 없다. 운임이 낮은 시기에 오히려 화주는 파트너 선사에게 적정한 운임을 보장해 주고, 운임이 높은 시기에는 선사가 파트너 화주에게 보다 저렴한 운임으로 안정적 서비스를 제공해야 한다. 이렇게 역지사지의 입장에서 거래를 해야 서로가 신뢰할 수 있는 문화가 만들어 질 것이다.

최근에 머스크와 CMA-CGM은 중국의 Alibaba 인터넷 서비스에 온라인 선복예약 서비스를 개설했다고 한다. 이는 단발성 운송니즈를 가진 중소 화주를 공략하는 것으로 이해된다. 화주는 충성도가 높고 장기적인 대량 화주와 충성도가 낮고 일시적인 중소 화주로 구분할 수 있는데, 이 같은 온라인 서비스 강화로 그동안 선사가 상대적으로 홀대해온 중소 화주를 놓고 경쟁이 치열해 질 것으로 예상할 수 있다. 따라서 선사는 어느 때보다도 장기 대량 화주와 상생 협력을 강화하고, 급변하는 마케팅 여건에 화주 제일주의의 시각에서 신속히 대응해야 한다. 아울러 디지털 기반의 서비스가 확대될 것으로 예상되는 바, 이에 대한 IT 솔류션을 공동으로 개발할 수 있도록 지혜를 모아야 할 시점이다.

둘째, 친환경적 운송을 위한 상생과 협력이다. 올해 9월이 되면 선박평형수 관리 협약이 발효된다.[1] 그리고 2020년이면 황산화물 규제가 강화될 예정이고, 세계 각 수역에서는 ECA(Emission Control Area), 즉 배출통제지역이 확대된다. 이 같은 환경규제 강화는 규제에 맞추어 운항을 해야 하는 선사와 규제 순응에 필요한 선박과 장비를 공급해야 하는 조선소와의 협력을 요구한다. 여기서 주목되는 국제동향은 EU가 환경규제를 경쟁력 차별화의 지렛대로 간주하고 있다는 사실이다. EU는 소위 'Quality Shipping'이라는 슬로건으로 환경규제에 적극 대응하여 이를 경쟁력의 핵심요소로 활용하고 있다. 우리나라는 조선 1위 국가이다. 따라서 조선 1위의 경쟁력이 우리 해운기업에게 자연스럽게 흘러 갈 수 있도록 해운-조선 간의 상생 협력을 강화해 나가야 할 것이다.

또한 머스크 등의 30여개 선사, 물류기업들이 황산화물 규제에 대해 Trident Alliance를 결성하여 공동으로 대응하고 있는 사실은 우리에게 큰 시사점을 준다. 우리 기업들도 이 같은 환경규제가 가져오는 변화에 협력하여 대응할 필요가 있다. 특히 신조선, 수리조선에 필요한 기술사양을 선사와 조선소가 협력하여 파악

---

1) 2017년 9월 발효될 예정이었던 이 협약은 선사들의 준비 부족 등의 이유로 시행이 2년 유예되어 2019년 9월 본격적으로 시행될 예정이다.

하고, 선사들은 조선소에게 자신들의 신조, 개조 수요를 보증하여 조선소가 관련 기술과 장비에 투자할 수 있는 여건을 만들어 주어야 한다. 이러한 해운과 조선 간의 선순환 구조가 만들어질 때 우리의 세계 1위 조선산업 역량이 해운산업에도 자연스럽게 흘러갈 수 있을 것이다.

셋째, 금융에 있어 상생 협력이 요구된다. 금융기관이 대출과 채권 등을 통해 해운기업에게 자금을 공급할 때 원리금 상환은 해운산업의 특성에 맞게 설계될 필요가 있다. 해운산업은 시황 변동이 크다. 따라서 시황이 좋을 때는 원리금 상환을 많이 하고, 시황이 좋지 않을 때는 원리금 상환을 적게 하거나 유예하는 금융계약이 해운산업에 적합한 금융구조이다. 지금과 같이 해운산업을 일반적인 위험관리의 틀에서 취급할 경우 시황이 좋을 때는 선박에 과잉투자되고, 시황이 좋지 않을 때는 과소투자가 되는 문제가 반복될 것이다.

또한 우리나라의 컨테이너 해운산업은 수출입 물류 기간 서비스를 제공하고 있다. 우리 해운기업이 없으면 수출입 화주는 추가적인 운임부담은 물론이고 선복의 확보에도 어려움을 겪을 우려가 크다. 즉 우리 해운기업이 영업을 하고 있다는 자체가 우리 화주에게는 눈에 보이지 않는 편익을 주고 있는 것이다. 그러나 십

만개가 넘는 이들 수출입 화주들이 서로 의견을 모아 우리 해운기업에게 유동성 공급을 포함한 지원을 하기는 현실적으로 힘들다. 따라서 정책금융기관은 이 같은 해운산업의 특성을 이해하고, 선사의 경쟁력 강화를 위한 자구노력을 전제로 유동성 위기 등에는 다양한 지원 대책을 시행할 필요가 있다. 특히 일본 정부가 자국 3대 선사의 컨테이너 사업부 통합에 만기 연장과 이자율 인하 지원책을 약속한 것과 같이, 우리나라도 해운산업에 적합한 만기와 이자율 등의 계약조건을 지닌 금융지원이 절실하다.

마지막으로 거래 파트너와의 상생 협력 이외에도 해운산업 내의 선사 간 협력 또한 보다 확대되고 강화되어야 한다. 올해 초 현대상선과 장금상선, 흥아해운은 HMM+ K2 컨소시움을 결성하고 아시아 역내 시장에서의 협력을 강화해 나가고 있다. 참여 선사 간 상생 협력을 실천하고 있다는 점에서 바람직한 모습이다. 이들 선사 이외의 우리 국적 컨테이너 선사들도 선복교환, 공동운항 등의 협력을 확대하는 방안을 적극적으로 추진할 필요가 있다. 이 같은 선사 간 협력은 공동배선을 통해 선박자본비용을 낮출 수 있고, 낮은 원가 수준에서 서비스 범위를 크게 늘릴 수 있는 장점이 있다. 특히 아시아 역내 시장의 경쟁이 가열되고 있는 상황을 염두에 두면 이 같은 경쟁력 강화를 위한 선사 간 협력이 더욱 절실하다. 정부도 우리 국적 컨테이너 선사 간의 상생 협력이 활성화 될 수 있도록 앞서 언급한 것과 같이 일본처럼 협력에 참여하는 선사들에게는 만기연장, 이자율 인하 등의 지원책을 마련할 필요가 있다.

이 같은 네 가지 영역에서 민간 주도의 상생 협력 노력을 경주하고 정부가 뒷받침을 해 나간다면 우리 컨테이너 해운산업은 다시 활력을 찾을 수 있을 것이다. 특히 산업생태계 여건이 급속히 변화하는 시대에 이 같이 기업과 정부가 서로 보완점을 찾아 꾸준히 정책과 전략을 개발하고 추진해 나갈 필요가 있다. 이를 위해 선사, 화주, 금융, 조선 등의 민간 부문이 참여하는 국가 해운정책 의사결정기구로서 '해운산업발전위위회'와 같은 민관 협력의 거버넌스를 구축하는 방안도 적극적으로 추진할 필요가 있다.

5

게임이론과 글로벌 해운 거버넌스

게임이론(game theory)은 사회생활에서 끊임없이 맺게 되는 사회 구성원 간의 관계를 게임 상황으로 보고, 이들 사회적 관계를 이론적으로 설명하는 사회과학 분석방법의 하나이다.[1] 우리가 외딴 섬에서 혼자 살아가지 않는 한, 내가 사회적으로 얻게 되는 거의 모든 결과물은 나의 결정 뿐 아니라 다른 사람의 결정에 의해 영향을 받는다. 즉 게임이론은 전략적 상호작용(strategic interactions)의 관계에서 합리적인 사람들이 어떻게 행동하는가를 분석한다.[2] 게임이론의 구성요소는 ▲게임 참여자(player) ▲게임 참여자가 선택할 수 있는 전략(strategy) ▲선택된 전략들로 인해 발생하는 게임 참여자의 보수(payoff) 등 크게 세 가지로 구분된다. 보다 구체적인 이해를 위해 게임이론 분야에서 광범위하게 알

1) 게임이론이 처음 소개될 당시에, 도서관 사서들이 게임이론 자료를 체육학과 자료로 분류했던 경험은 게임이론이라는 용어에서 나오는 혼돈스러움을 극명하게 보여준다.

2) 게임이론에는 i) 사람들이 협력적이라고 전제하는 협조게임(cooperative game)과 ii) 사람들이 협력적이지 않다고 전제하는 비협조게임(noncooperative game)이 있다. 이 글은 비협조게임만 다룬다.

려져 있는 '죄수의 딜레마'(prisoners' dilemma) 사례를 살펴본다.

철수와 만수가 큰 죄와 작은 죄를 같이 범했다고 생각해 보자. 경찰은 작은 죄에 대한 과학적 증거는 확보했지만, 큰 죄에 대해서는 심증만 가지고 있을 뿐이다. 경찰이 큰 죄의 수사를 위해 이 둘을 각기 다른 방으로 분리하고 다음과 같은 제안을 한다. 만수가 자백하지 않고 철수만 자백을 하면 수사에 협조한 것으로 정상을 참작하여 철수만 석방하고, 만수는 원칙대로 큰 죄와 작은 죄의 책임을 물어 10년 징역형을 받는다. 그러나 둘 다 자백을 하면 큰 죄와 작은 죄의 책임을 물어 둘 다 5년 징역형을 받지만, 둘 다 묵비권을 행사하면 작은 죄만 처벌되어 1년 징역형을 받는다. 만수에게도 똑 같은 제안을 한다.

철수와 만수의 죄수의 딜레마

		만수	
		자백	묵비권
철수	자백	5년/5년	석방/10년
	묵비권	10년/석방	1년/1년

철수 입장에서 생각해 보면, 만수가 자백하는 경우 자신도 자백을 하는 게 자신에게 이득이 된다(자백 5년/묵비권 10년). 만수가

묵비권을 행사하는 경우에도 자백을 하는 게 이득이 된다(자백 석방/묵비권 1년). 즉 철수 입장에서는 만수가 어떤 결정을 하더라도 자백하는 것이 이롭다. 만수도 철수와 똑같은 방식으로 생각한다. 이와 같이 게임 상대방이 어떤 결정을 하더라도 자신에게 유리한 전략을 우월전략(dominant strategy)이라고 한다. 여기서는 철수와 만수에게 자백이 우월전략이 된다. 그리고 이들 우월전략들의 조합, 즉 (철수의 자백, 만수의 자백)이 우월전략 균형이 된다.

이러한 우월전략 균형의 성질을 좀 더 살펴보기 위해 내쉬 균형(Nash equilibrium)을 이해할 필요가 있다.[3] 내쉬 균형이란 현재의 전략 조합에서 어떠한 경기자도 이탈할 유인이 없는 균형을 의미한다. 죄수의 딜레마의 우월전략 균형도 철수와 만수가 이 균형에서 벗어날 인센티브가 없기 때문에 내쉬 균형의 전형적인 한 예가 된다. 이 같은 죄수의 딜레마의 내쉬 균형은 경제학에 큰 시사점을 던져 준다. 철수와 만수는 서로 묵비권을 행사할 것을 공모함으로써 내쉬 균형보다 자신들에게 이득이 되는 (묵비권, 묵비권) 전략 조합으로 옮겨 갈 수 있으나 이는 균형 전략조합이 아니기 때문에 현실화되지 못한다. 즉 특정한 게임 상황에서 이기심에 이

3) 내쉬(John. F. Nash)는 1994년에 하사아니(John C. Harsanyi), 젤텐(R. Selten)과 함께 게임이론을 통해 경제학에 공헌한 것으로 인정되어 노벨경제학상을 받았다. 내쉬는 정신질환을 앓았는데, 그의 삶이 "뷰티풀 마인드"라는 영화로 만들어져, 국내에서도 개봉된 바 있다.

끌린 참여자의 의사결정이 사회적으로 최선의 결과를 낳지 못할 수 있음을 보여준다. 아담 스미스의 보이지 않는 손의 기능이 작동하지 않을 수 있는 것이다.

이 같은 내쉬 균형이 바로 글로벌 컨테이너 해운산업에 적용된다. 컨테이너 해운산업은 선사들 간에 서비스 차별화가 쉽지 않다. 따라서 경쟁 선사에 비해 운임을 낮춤으로써 시장 점유율을 키우고자 하는 인센티브가 강하다. 즉 경쟁 선사(B 선사)가 운임을 고수하는 전략을 사용할 때 자신(A 선사)은 운임을 낮추는 것이 매출을 증대시켜 이득이 된다. 나아가 경쟁 선사가 운임을 낮출 때 자신의 시장 점유율을 지키기 위해서는 운임을 낮추어야 한다.

<table>
<tr><th colspan="4">컨테이너 해운산업의 딜레마</th></tr>
<tr><th colspan="2"></th><th colspan="2">B 선사</th></tr>
<tr><th colspan="2"></th><th>운임 고수</th><th>운임 인하</th></tr>
<tr><td rowspan="2">A 선사</td><td>운임 고수</td><td>(A : 1,000 $/TEU, 10만 TEU)
(B : 1,000 $/TEU, 10만 TEU)</td><td>(A : 1,000 $/TEU, 5만 TEU)
(B : 800 $/TEU, 15만 TEU)</td></tr>
<tr><td>운임 인하</td><td>(A : 800 $/TEU, 15만 TEU)
(B : 1,000 $/TEU, 5만 TEU)</td><td>(A : 800 $/TEU, 10만 TEU)
(B : 800 $/TEU, 10만 TEU)</td></tr>
</table>

선사들 입장에서 보면 분명히 (운임 인하, 운임 인하) 전략 조합이 (운임 고수, 운임 고수) 전략 조합보다 손해가 된다. 그러나 화주 입장에서는 득이 되기 때문에 사회적으로 바람직하다고 주장할 수 있다. 그러나 이러한 파멸적 운임경쟁은 지속가능하지 않다. 따라서 이 같은 상황이 방치된다면 컨테이너 해운산업에 대한 투자위축으로 결국에는 화주가 운임 상승과 서비스 질의 저하라는 문제를 맞게 될 것이다. 또한 독일, 중국, 대만 등의 경쟁 국가들이 이 같은 치킨게임으로 손실을 보는 자국의 선사에 금융지원을 하고 있는데, 우리나라만 지원을 하지 않아 국적선사가 사라지게 되면, 결국 이러한 손실을 보전하기 위해 해외 경쟁선사들이 우리나라 수출입 화물의 운임을 더 많이 받을 우려도 크다.

컨테이너 해운산업은 시내버스와 같이 정기선 사업으로 미리 정해진 스케줄에 따라 선박에 화물을 다 채우지 못해도 서비스가 제공되어져야 한다. 이 같은 특성으로 인해 1875년 영국-캘커타 해운동맹(conference)이 결성된 이후 100년이 넘게 해운동맹이 정기선사들의 과당경쟁을 막아주는 역할을 해왔다. 그러나 미국이 1984년 해운법을 제정하여 선사들의 독자행동권, 서비스 계약(service contract) 등을 허용하여 동맹기능을 현저히 약화시켰다. 또한 EU는 2008년 10월부터 EU에 취항하는 서비스에 대한 해운동맹을 전면 금지시켰다. 해운동맹 약화로 선사들이 자율적으로 취해온 과당경쟁 예방대책이 사라지게 되었다. 바로 이 같은 선상에서 2015년, 2016년의 운임 치킨게임이 전개되었고, 한진해운의 파산과 그를 전후(前後)로 해서 컨테이너 선사 간 대형 M&A가 발생했다. 즉 선사들은 M&A를 통해 경쟁 선사의 수를 줄이고 있는 것이다. 이러한 시장 집중화는 경쟁에서 도태된 국가의 수출입 화주에게는 득(得) 보다는 실(失)이 된다. 따라서 글로벌 컨테이너 해운산업의 다양성을 확보하고 과당경쟁을 예방하기 위한 새로운 글로벌 해운 거버넌스 구축이 요구된다. 예를 들어, UN의 국제해사기구(IMO) 산하에 (가칭) '세계해사위원회'(World Maritime Committee)를 설치하여 글로벌 차원에서 해운의 산업정책과 경쟁정책을 조율할 수 있도록 우리나라가 중국, 일본 등과 협력하여 국제논의를 주도하는 것도 검토할 수 있을 것이다.

6

해운의 중요성과 한국해양진흥공사의 발전 방향

벌써 한진해운이 역사 속에 사라진 지 만 2년이 지나고, 만시지탄의 아쉬움 속에서 지난 2018년 7월 5일에 한국해양진흥공사가 출범했다. 여기서 한진해운 사태의 교훈을 짚어보고, 이러한 아픔을 극복하고 한국해양진흥공사가 한국 해운 산업생태계의 재도약을 위해 나아갈 바를 제안하고자 한다.

해운의 중요성

우리나라는 삼면이 바다이고 북쪽으로는 북한에 막혀 있어, 사실상 섬나라이다. 따라서 해운과 항공을 통하지 않으면 해외 국가들과 교류할 수 없다. 5,000만이 살고 있는 우리나라가 필요로 하는 에너지, 철광석, 석탄 등의 원자재들은 사실상 100% 해운으로 수송되고 있다. 우리에게 이 같은 사실보다 해운의 중요성을 표현할 수 있는 새로운 방법은 없다. 그러나 2016년 8월 말 한진해운이

법정관리를 신청할 당시에 구조조정 당국은 세계 7위의 우리나라 최대 컨테이너 선사가 없어지더라도 글로벌 해운시장에서 우리에게 필요한 수출입 물류서비스를 원만히 제공받을 수 있다고 판단한 것으로 보인다. 다시 이 같은 우(愚, 어리석음)를 범하지 않기 위해서는 한진해운 사태를 미래의 해운산업정책의 반면교사(反面教師)로 삼아 해운산업의 국민경제적 중요성을 국민과 정부가 명확히 인식할 수 있도록 해야 한다. 즉 '우리나라가 자체적으로 육성하는 해운산업이 필요한가?'라는 질문에 명확하게 '예'라고 답변할 수 있는 이유가 있어야 한다. 이런 의미에서 국제무역의 경제적 중요성과 수출입 물류 기간산업으로서의 우리나라 해운산업의 필요성을 다시 한 번 생각해 본다.

우리나라와 같이 자원이 부족한 국가는 국제무역을 통해서만 필요한 에너지 및 원자재를 확보할 수 있다. 또한 국제무역은 비교우위의 원리에 따라 생산성을 획기적으로 높일 수 있는 기회를 제공한다. 왜 우리나라가 우리 보다 생산성이 낮은 국가와도 무역을 하는가? 바로 특정 국가가 모든 산업에서 절대 우위를 갖고 있더라도, 교역 국가 상대방과 비교해서 상대적으로 더 생산성이 높은 산업에 전문화할 때 양 국가 모두 생산성 향상과 소비재 확대라는 무역의 이익(gains from trade)을 향유할 수 있기 때문이다.

나아가서 국제무역을 통해 양 국가가 시장을 개방하면 경제규모가 커져 이익을 거둘 수 있다. 우리가 사용하는 많은 상품에는 더 많이 팔수록 단위 원가가 떨어지는 소위 규모의 경제(scale economy) 효과가 발생한다. 따라서 시장개방을 통해 서로의 판매 시장이 커지면, 기업들은 보다 큰 시장에서 영업할 수 있고 규모의 경제에 따라 보다 싼 비용으로 이들 상품을 시장에 제공할 수 있다. 바로 중국이 전대미문의 고도성장을 이어나가는 것은 중국 자체적으로 13억 명의 시장을 지니고 있기 때문이다. 5,000만 명의 시장이 아닌 13억 명의 시장에서 투자와 혁신이 더 많이 일어나는 것은 자명하다.

위와 같이 국제무역을 통해 에너지 및 원자재를 확보하고, 비교우위의 원리에 따라 생산성 향상과 소비재 확대를 추구하고, 시장 확장을 통해 투자와 혁신을 견인하는 일은 우리나라의 경제적 안정과 발전을 위해 아무리 강조해도 지나침이 없다. 이를 줄여서 우리는 '수출 주도형 경제성장 정책'이라고 부른다.[1)]

바로 이 같은 대외 개방 전략의 맥락 속에서 해운산업이 국민경제적으로 수행하는 기능이 올바로 이해될 수 있다. 다시 처음에

---

1) 경제학계에서는 오랫동안 이 같은 대외 의존적 경제운영에 대해 내수 진작의 보완성을 지적해 온 것이 사실이다. 물론 이 같은 비판적 견해를 귀담아 들을 필요가 분명히 있지만, 그렇다고 하여 국제무역을 통한 경제 발전 전략을 과소평가해서도 안 될 것이다.

언급했던 '우리나라가 자체적으로 육성하는 해운산업이 필요한가?'에 대한 물음에 답을 찾아야 한다. 우리의 경험과 직관은 남북이 대치하는 정치 · 군사적 상황에서는 유사시에 필요한 수송서비스를 확보하기 위해 국적 선사가 필요하다는 사실을 알고 있다. 나아가서 필자는 한진해운사태로 촉발된 글로벌 해운시장의 변화 속에서 이 같은 국적 해운산업의 존재 필요성을 간접적으로 평가해 볼 수 있다고 판단한다.

아래 그림은 한진해운사태로 인해 아시아-북미 항로에서 우리나라 컨테이너 운임이 일본 운임과 비교해서 상대적으로 더 오른 소위 '한국 프리미엄'을 보여주고 있다. 한진해운 사태 이후 1년 이상 꾸준히 '한국 프리미엄'이 발생한 것을 확인할 수 있다. 특히 올해 1월 중국의 춘절 전(前) 물량 밀어내기로 선복이 부족했던 시기에 '한국 프리미엄'이 높게 나타난 것은, 선사들의 공급조절로 인해 선복이 부족해지면 우리나라 수출입 화주의 추가 운임부담이 더욱 커질 우려가 있다는 점을 보여 준다.

아시아-북미 항로에서의 한국 프리미엄

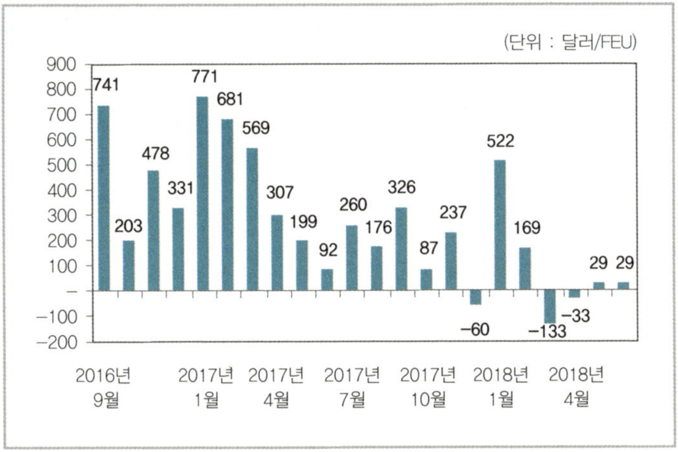

필자는 바로 이러한 '한국 프리미엄'이 국적 선사, 즉 우리나라 해운산업이 필요한 이유를 글로벌 시장에서 보여주는 증거라고 생각한다. '한국 프리미엄'은 한진해운이 있었다면 우리 수출입 화주들이 지불하지 않았을 운임이다. 따라서 화주들은 자신의 노력과는 무관하게 운임인하효과를 향유할 수 있었다. 경제학에서는 이 같은 현상을 두고 '금전적 외부효과'(pecuniary externality)라고 한다. 문제는 수출입 화주들이 너무 많아[2] 이들이 자신의 이해관

2) 2015년 기준, 우리나라 업체 중 해운을 통한 수출업체는 69,767개, 수입업체는 112,596개이다(한국

계를 조정해 이 같이 일상생활에서 눈으로 쉽게 볼 수 없는 편익에 대해 대가(代價)를 지불하기는 어렵다는 것이다. 즉 조정실패(coordination failure)가 발생하는 것이다.

해운산업은 이 같은 운임인하효과 뿐 아니라, 하나의 산업생태계로서 국민의 일자리와 소득을 창출하는 기능을 한다. 한진해운의 연간 매출이 약 7조 원 규모였으니, 10%가 순수한 부가가치라고 하더라도 7,000억 원의 소득이 사라진 것이다. 이를 단순히 평균 연봉 7,000만 원의 일자리로 환산하면 연간 1만 개 일자리가 사라진 셈이다.

바로 이 같은 국적 해운산업의 국민경제적 중요성을 알고 있기에 중국, 독일, 대만, 일본 등은 자국 해운 산업생태계를 위해 금융지원을 포함한 다양한 해운산업정책을 추진하고 있다. 특히 강조해야 하는 사실은 해운은 상대적으로 적은 지원을 통해 큰 효과를 얻을 수 있는 전형적인 글로벌 전략 산업이라는 것이다.[3)]

무역통계진흥원).

3) 통상적으로 전략적이라는 말은 군사적으로 중요하거나 경제정책 상 중요하다는 의미에서 사용된다. 그러나 국제무역이론에서는 '전략적'이라는 표현을 게임 상대방의 전략에 따라 자신의 이해관계가 변화하는 경우를 표현할 때 사용한다. 이와 관련해서는 인터넷에서 '전략적 무역정책'(strategic trade policy)이라는 키워드로 많은 자료를 찾을 수 있을 것이다.

한국해양진흥공사의 발전 방향

지난 7월 5일 한국해양진흥공사(이하 '공사'로 칭한다)가 공식적으로 출범했다. 법정 자본금 5조 원 규모의 해운에 특화된 금융지원 기관이 설립된 것이다. 해운과 항만에 대한 대규모 투자 및 보증을 통해 우리나라 해운의 양적 성장 에너지를 충전한 것이다. 또한 공사는 해운거래 지원, 친환경선박 대체 · 국가필수해운제도 · 한국해운연합 지원 등의 종합적인 지원 업무를 수행할 것으로 기대된다. 여기서는 공사가 부여받은 우리나라 해운산업의 재도약의 미션을 수행함에 있어 추가적으로 검토할 가치가 있는 발전 방향을 제안하고자 한다.

첫째, 해운투자의 수익성 및 시장위험 관리의 효율성 제고를 위한 대선전문기관 자회사의 설립이 필요하다. 알려진 바에 따르면, 공사의 신조 선박 투자 방식은 해운회사의 자사선 건조에 후순위보증 등을 통해 금융지원을 하는 것이다. 산업은행, 한국수출입은행 등과 함께 약 200 척의 신조선 투자에 지원하는 것으로 규모가 매우 크다. 그러나 이렇게 개별 해운회사에 선박 운영에 따른 수익과 시장위험 관리를 모두 맡기는 것 보다, 대선전문기관을 설립하여 운영 선대를 대규모화하는 것이 수익과 시장위험 관리의 효율성 측면에서 보다 바람직하다고 판단된다. 아울러 선사들의 자사선 투자방식은 불가피하게 부채비율 증가라는 재무구조 악화를 수반한다. 이보다는 공사와 국책은행, 민간은행이 대선전문기관의 신조선 금융을 지원하고, 대선전문기관이 기간용선 형태로 선사에게 선박을 제공하는 방안을 검토하는 것이 필요하다고 판단된다.

둘째, 해운산업의 시황 변동성을 반영한 원리금 상환 방식을 도입할 필요가 있다. 즉 시황연계(cycle-linked) 원리금 상환 프로그램이 필요하다. 통상적으로 일반 금융기관은 차입자들의 다양성을 확보하여 대출 포트폴리오가 경제 전반의 성장률을 따르도록 하는 소위 '대수의 법칙'을 활용하고 있다. 그러나 공사와 같이 해운금융에 특화된 경우에는 이 같은 차입자의 다양성을 확보하기가 사실상 어렵다. 따라서 시간 축(軸)을 따라 해운시장의 평균 수익률을 활용하는 일종의 변형된 '대수의 법칙'을 활용할 수 밖에 없을 것이다. 그러나 해운시황의 호불황에 관계없이 원리금을 회수하게 되면, 차입 선사는 호황기에는 원리금 상환에 문제가 없지만, 불황기에는 유동성 부족이라는 문제가 발생한다. 극단적인 경우에는 흑자 부도가 발생할 수도 있다. 따라서 호황기에는 보다 많은 원리금을 상환받고, 불황기에는 보다 적은 원리금을 상환받는 시황연계 원리금 상환 프로그램의 도입을 검토할 필요가 있다.

만약, 첫 번째로 언급한 대선전문기관이 설립된다면, 이 기관의 대선료 또한 이 같이 시황과 연계하는 것이 바람직할 것이다.

셋째, 국적 선사의 신흥 해운시장 파트너쉽 강화와 연계한 공사의 투자 대상 확대 방안을 검토할 필요가 있다. 과거에 UNCTAD의 Liner Code에서 수출, 수입, 3국 화물 적취율을 40:40:20로 설정한 것과 같이, 신흥 해운국가들은 유럽, 동북아시아 선도 선사들의 자국 해운시장 진출에 대해 국수(國粹)적인 대응을 할 가능성이 크다. 이에 대해 우리나라 해운업계는 경쟁국이 취하지 않는 새로운 시장진출 전략을 추진할 필요가 있다. 예를 들어, 신흥 해운국가와 합작투자회사를 설립하여 우리나라는 지속적인 운송 영업을 하고, 신흥 국가는 해운산업 노하우 획득과 안정적인 수출입 물류 서비스 확보라는 편익을 누릴 수 있을 것이다. 이렇게 신흥 시장에 진출하는 국적 선사와 협력하여 공사는 이들 시장에서 신규로 창출되는 컨테이너선, LNG선 등의 고부가가치 선박의 발주수요를 우리나라 조선소로 유치할 수 있을 것이다. 특히 공사가 중심이 되어 추진하는 선박 신조 지원 프로그램의 대상에 이들 신흥 시장의 발주기관을 포함하는 것이 바람직할 것이다. 또한 앞서 제안한 대선전문기관이 선대운영의 노하우를 축적한다면 이들 신흥시장의 효율적이고 효과적인 협력 파트너가 될 수 있을 것이다.

넷째, 볼틱운임지수 기반의 해운금융 융합 투자상품을 조기 도입하여 해상운임선도거래(FFA) 시장기반을 조성할 필요가 있다. FFA 시장이 국내에서 활성화되면 다양한 부가적인 편익을 누릴 수 있다. 예를 들어, FFA 거래에는 시황정보의 생산이 필수적인 바, 이들 시황정보를 취급하는 전문 해운중개업자의 사업 기회가 크게 확대될 것이다. 이들이 거래 중개에 필요로 하는 시황정보 시장이 조성되고, 국내에서도 FFA 시장을 중심으로 이러한 시황정보가 활발히 유통될 수 있다. 따라서 해운중개의 당사자인 선사와 화주도 이렇게 생산된 시황정보를 활용하여 의사결정의 합리성을 제고하고 경쟁력을 강화할 수 있을 것이다. 또한 이렇게 FFA 시장이 활성화되면, 우리나라에서 역점적으로 개발해 오고 있는 한국형(또는 동아시아형) 운임지수에 기반한 FFA 거래도 시도할 수 있을 것이다. 지금과 같이 국내 해운시황 정보의 생산능력이 부족하고 관련 시장의 규모도 작은 상황에서는 한국형 운임지수에 기반한 FFA 거래의 전면적 도입은 사실상 불가능하다. 따라서 이와 같은 단계적인 FFA 시장기반 조성 전략을 추진할 필요가 있다.

끝으로 해운이 우리의 일상적 생활공간이 아닌 바다에서 이루어지지만, 바다를 통한 국제무역에 의해 우리의 일상생활이 영위

되고 있음을 국민 모두가 인식할 필요가 있다. 이러한 인식 속에서 우리 국민들이 해운산업에 대한 질책과 함께 보다 큰 응원을 보내주시길 기대하면서 글을 마치고자 한다.

7

정기선사의 경쟁제한 행위에 대한 변론

정기선 해운산업에서의 경쟁촉진 정책의 확산

세계경제는 정보통신기술의 발전, 자유무역의 확산 등으로 빠르게 통합되어 가고 있다. 이러한 세계경제의 통합은 안정적이고 효율적인 국제물류서비스의 뒷받침 없이는 불가능하다. 정기선사는 이러한 국제물류서비스 제공자로서 세계경제의 발전에 큰 기여를 하고 있다. 그러나 이러한 정기선사의 역할에 대한 긍정적 평가에도 불구하고, 전통적으로 용인되어 왔던 정기선사의 경쟁제한 행위가 자유경쟁 시장의 효율성을 가로막는 부정적인 제도로서 평가되어, 경쟁제한 행위를 금지하는 경쟁촉진 정책이 추진되고 있다.

EU는 2008년 10월부터 정기선 해운동맹의 EU 경쟁법 일괄적용 면제 폐지를 실시하기로 하였으며, 이 영향을 받아 중국, 미국, 호주, 인도 등도 이러한 경쟁촉진 정책을 추진할 가능성이 큰 것으로 전망되고 있다. 또한 우리나라와 직접적으로 관련되어 있는 한 · 중 컨테이너 항로는 2009년, 한 · 중 카페리 항로는 2012년에 진입제약이 완전히 제거되는 시장 개방일정을 예고하고 있다. 더욱이 최근 한 · 일 항로에서 정기선사의 경쟁제한 행위와 관련하여 선사와 화주 단체가 갈등을 보이는 듯한 움직임이 나타나고 있어 경쟁촉진 정책에 대한 관심이 보다 커지고 있다.

이러한 경쟁촉진 정책의 기본방향은 매우 바람직하다고 판단되나, 실제로 경쟁을 촉진하는 정책의 입안 및 시행 과정에서는 보다 세밀한 준비가 필요한 것으로 생각된다. 본고에서는 그 이유에 대하여 분석 · 제시하고자 한다.

경쟁은 효율적 자원배분을 위해 필요

경쟁의 중요성에 대해서는 경제이론 및 역사적 경험이 많은 것을 보여주고 있다. 먼저 이론적 측면에서 보면, 경쟁시장은 효율적 자원배분을 가능케 한다. 달리 말하면, 어떤 구성원의 희생이 없이는 다른 구성원의 후생을 증대시킬 수 없는 균형이 달성된다. 이러한 경쟁시장의 균형이론의 함의는 정부 등의 인위적인 개입 없이도 시장의 자원배분 결과는 시장 참여자의 후생을 극대화시킨다는 것이다. 즉 '보이지 않는 손'(invisible hand of the benevolent god)이 작동하여 자신을 위한 개인들의 경제적 행위가 공익에 부합되는 결과를 낳게 한다는 것이다.

한편 역사적 측면에서는 사회주의 국가가 시장경제로 전환하고 있는 모습에서 단적으로 경쟁의 중요성을 알 수 있다. 정부가 계획을 수립하고 인위적으로 자원배분에 개입하여 경제를 운용하는 것이, 개인의 자발성과 창의성에 기초한 시장경제에 비해 국민의 후생을 증대시키는데 열등한 제도였다는 사실이 역사적 경험으로 증명된 것이다.

자유경쟁의 한계성에 주목해야

이와 같은 경쟁의 긍정적 기능에도 불구하고 자유경쟁의 한계성에 대해서도 관심을 기울일 필요가 있다.

맨큐와 윈스톤(Mankiw and Whinston)[1)]은 상품이 동질적이고, 시장진입에 따른 고정비용이 소요되며, 시장이 불완전경쟁적인 상황에서는 신규진입 기업이 기존기업의 시장을 잠식함으로 인해 사회적으로 최적 균형이 달성되지 않음을 증명하고 있다. 이와 같이 자유경쟁 상황에서 사회적 최적균형이 달성되지 못하는 이유로서 맨큐와 윈스톤은 사회적으로 바람직한 기업의 수를 판단

---

1) Mankiw, N. Gregory and Michael D. Whinston, "Free Entry and Social Inefficiency", *The Rand Journal of Economics*, Vol. 17, No. 1, Spring, 1986, pp. 48~58를 참조하였다.

할 때에 신규진입 기업의 이윤과 신규진입에 따른 기존기업의 손해를 동시에 계산해야 하나, 신규진입 기업은 자신의 이윤만을 판단기준으로 하여 진입하는데 그 원인이 있음을 지적하고 있다. 이와 같은 맨큐와 윈스톤의 이론이 성립하기 위한 가정은 정기선 해운시장의 조건과 거의 일치하는 것으로 보여지기 때문에, 정기선 해운시장에서는 자유경쟁에 대해서도 일정한 규제가 필요함을 알 수 있다.[2)]

한편 자유경쟁 상황에서 안정적 균형이 존재하지 않아 경쟁을 통한 자원의 효율적 배분이 이루어지지 않는 경우로서 자연독점 산업에서의 empty core 상황이 있다.[3)] 여기서는 다음과 같은 간단한 사례를 예시하면서 이를 설명하고자 한다.[4)]

세 개의 도시가 일정량의 상수도 공급을 원하는 상황을 가정해 보자. 한 도시가 상수도 건설을 시행할 경우 비용은 300억 원이 소요된다. 세 개의 도시 중 임의의 두개 도시가 상수도 건설을 동시에 시행할 경우에는 비용이 400억 원이 소요된다. 따라서 한 도시

2) 그러나 이러한 과당경쟁론에 입각한 진입규제의 위험성이 상존한다. 이에 대한 상세한 설명은 김재홍, 『진입규제의 이론과 실제』, 한국경제연구원, 2002. 7을 참조하기 바란다.

3) Empty core 등 Core와 관련해서는 특히 Tesler, Lester G., "The Usefulness of Core Theory in Economics", *The Journal of Economic Perspective*, Vol. 8, No. 2, Spring, 1994. pp. 151~164를 참조하기 바란다.

4) 여기서 제시하는 예는 Baumol, William J., John C. Panzar, and Robert D. Willig, *Contestable Markets and the Theory of Industry Structure*, Harcourt Brace Jovanovich, N.Y., 1982. pp. xiv~xv를 참조하였다.

가 부담하는 비용은 200억 원이 되는 것이다. 마지막으로 세 개의 도시가 모두 상수도를 건설하는 경우 660억 원의 비용이 소요된다. 이 경우에는 한 도시가 부담하는 비용이 220억 원이 된다. 이와 같은 상황에서는 사회 전체적으로 가장 비용이 적게 소요되는 상수도 건설방식은 세 개의 도시가 동시에 상수도를 건설하는 것이다. 그러나 사회적으로 최적인 이러한 공사방식은 자유경쟁 시장에서는 채택될 수가 없다. 왜냐하면, 세 개의 도시가 같이 건설하는 경우 각 도시가 부담해야 하는 220억 원의 부담금보다는 두 개의 도시가 담합하여 각각 200억 원씩의 비용을 지불하는 공사방식을 선택하는 것이 오히려 비용을 절감할 수 있기 때문이다. 그러나 이 때 나머지 한 도시는 300억 원의 공사비를 부담하게 된다. 따라서 이와 같은 상황에서는 사회적으로 가장 바람직한 세 개의 도시가 같이 공사를 추진하는 방식이 시행될 수 있도록 정부의 적절한 개입이 필요한 것이다.

이와 같은 empty core 개념을 적용하여 정기선사의 경쟁제한 행위에 대한 실증적 분석이 이루어진 바가 있다.[5] 예를 들면, 스조스트롬(Sjostrom)은 정기선사의 경쟁제한 행위의 확대가 운송서비

---

5) 안내서로는 Sjostrom, William, "Liner Shipping : Modelling Competition and Collusion", *The Handbook of Maritime Economics and Business*, 2001을 참조하기 바란다.

스를 증대시켰다는 사실과 수요의 변동성이 클 때 경쟁제한 행위의 역할이 커진다는 것을 실증적으로 보인바 있다. 이러한 결과는 정기선사의 경쟁제한 행위가 카르텔 형성을 통한 독점력 확보에 있기 보다는 empty core 상황에서 안정적 균형을 이루기 위한 자율적 조치라는 empty core 이론에 부합된다. 따라서 우리나라와 관련되는 정기선 항로에 대한 경쟁제한 행위에 대한 정책적 판단을 위해서는 엄밀한 시장구조 분석이 필요하다. 즉 정부가 정기선 해운산업에서 바람직한 경쟁촉진 정책을 시행하기에 앞서 현재의 정기선 해운시장에서 경쟁제한 행위로 인해 시장의 성과(해운서비스 공급량, 서비스 품질의 향상, 운항선사의 적정 투자수익 획득 및 재투자 여력 확보 등)를 실증적으로 분석할 필요가 있는 것이다.

정부 및 해운 · 화주업계는 시장질서 확립 방안을 강구할 필요

위에서는 정기선사의 경쟁제한 행위가 독점이윤을 추구하는 행위가 아니라, 오히려 정기선 해운산업의 안정적 발전을 위해 필요한 자율적 조치일 가능성이 있음을 알 수 있었다. 바로 이러한 이유로 인해 해운동맹에 대한 각국의 독점금지법 적용(일괄) 면제가 전통적으로 이루어져 왔으며, 또한 쉽게 이러한 면제정책을 폐지하지 못한 것이라고 판단된다.

한편 이러한 경쟁촉진 정책과 관련하여 두 가지 사항을 언급할 필요가 있다고 판단된다. 첫째, 준비되지 않은 경쟁촉진 정책은 큰 부작용을 낳을 수 있다는 것을 역사로부터 배울 필요가 있다는 점이다. 1997년 외환위기의 중요한 한 요인으로서 금융시장의 급격한 규제완화가 지적된 바가 있고, 2000년대 초반 카드영업의 대폭적 규제완화가 도를 지나쳐 이후에 신용불량자 문제로 귀결된 경험에서 준비되지 않은 경쟁촉진 정책은 해당산업에 또 다른 큰 재앙이 될 수 있음을 배워야 한다.

둘째, 최근 들어 가장 먼저 해운동맹의 폐지를 시행할 예정인 EU는 이미 해운동맹과 같은 다수의 해운기업이 참여하는 방식으로 독점적 지위를 누리지 않아도 될 만큼, 시장지배력을 키웠다는 사실이다. 즉 오히려 해운동맹의 폐지가 EU에 속한 글로벌 메가 케리어의 독점적 지위를 강화시키고 자신들의 경제적 이해와 부합한다는 주장인데 이에 따라 이러한 내용을 새로운 관점에서 조심스럽게 검토할 필요가 있다.

따라서 최근에 급격하게 변화하고 있는 정기선 해운산업의 변화에 대응하여 정부 및 해운 · 화주 업계는 경쟁의 긍정적인 효과를 살리면서 동시에 자유경쟁의 한계를 극복할 수 있는 방안을 적극적으로 강구해야 할 것이다. 아울러 이러한 정책방안의 목표는 '시장질서 확립을 통한 해운산업의 건전한 발전'으로 설정하는 것이 바람직하다고 판단된다.

8

운임선도거래(FFA) 시장의 의미

해운시장에서 운임, 선가 등은 매우 높은 변동성을 보인다. 운송수요는 그 때 그 때의 경기상황, 곡물 수확량 등에 따라 변하는데, 해운서비스의 공급은 단기간에는 거의 고정되어 있어 운임의 등락으로 수급이 조정되기 때문이다. 익히 잘 알려진 것처럼, 2008년 초호황 때 하루 20만 달러에 달하던 철광석 운반선의 용선료가 수개월 만에 99% 급락한 2천 달러를 기록한 바 있다. 이 같은 변동성은 극히 일부의 투기세력을 제외하고는 대부분의 해운시장 참여자에게 부정적인 영향을 미치며 시장위험관리의 중요성을 일깨우고 있다.

해운산업의 선구자들은 이 같은 해운시장의 변동성 문제를 해결하고자 다양한 제도를 만들어 냈다. 장기운송계약, 전용선 계약은 운송원가에 선사의 마진(margin)을 보장하여 스팟(spot) 시장의 변동과는 상관없이 안정적인 운송이 이루어지도록 한 것이다. 이에 더 나아가 스팟 시장의 변동성에 대처하기 위해 만들어낸 제도가 운임선물시장 또는 운임선도거래시장이다.

운임파생상품시장(선물시장 또는 선도거래시장)의 운영 원리는 생각보다 훨씬 단순하다. 예를 들어, 다음 달에 물건을 운송해야 하는 화주와 운송서비스를 팔아야 하는 선주가 있다고 생각해 보자. 화주는 기대치 보다 높은 운임이 형성되어 운송원가 부담이 커질 것을 걱정한다. 선주는 기대치 보다 낮은 운임이 형성되어 운항수입이 줄어들 것을 우려한다. 서로 다음 달의 운임에 대한 기대치는 다르겠지만, 걱정거리는 정확히 반대방향으로 움직인다. 운임이 오르면, 화주는 손해, 선주는 이익이고, 운임이 내리면, 화주는 이익, 선주는 손해를 보는 것이다.

바로 이 같은 정반대의 이해관계 때문에 운임파생상품시장을 만들 수 있다. 운임이 오르면 이득을 보는 선주가 화주에게 이득을 넘겨주고, 운임이 내리면 이득을 보는 화주가 선사에게 이득을 넘겨주자는 것이다. 이렇게 서로의 손익을 상쇄시켜주는 제도를 만들면, 결과적으로 운임의 등락은 화주, 선주 모두에게 아무런 영향을 미치지 못하게 된다. 바로 이 같은 미래시장에 대한 거래가 운임파생상품시장에서 일어나고 있다.

운임파생상품시장은 1985년에 BIFFEX(Baltic International Freight Futures Exchange)의 운임선물거래로 시작되었다. 당시에는 철광

석 등의 건화물을 실어 나르는 대표적 13개 항로의 평균을 구해 선물거래를 할 수 있는 지수를 만들었다. 즉 이 운임지수(당시에는 BFI라고 불렀지만, 1999년부터 이름을 BDI(Baltic Dry Index)로 바꾸어 부르고 있다.)를 기준으로 해서 운임 등락에 따라 화주와 선주가 앞에서 설명한 것처럼 돈을 주고받았다. 그렇지만, 13개 항로의 종합지수로 운임의 등락을 결정하면서, 개별 항로의 화주와 선주가 직접 겪게 되는 운임과는 차이가 나면서 실제 운임변동의 위험을 해소하는데 한계가 생겨나게 되었다. 이에 시장 참여자들은 BDI라는 종합지수를 대신하여 개별 항로의 운임에 기초해서 미래 운임에 대한 거래를 하기 시작했다. 바로 이 같은 개별 항로의 미래 운임에 대한 거래가 운임선도거래(FFA, Foward Freight Agreement)이다.

이 같은 운임선도거래시장은 화주와 선주에게 운임변동위험을 관리할 수 있는 수단을 제공함과 동시에 여러 가지 부수적인 기능을 하고 있다. 먼저, 미래 운임을 알려주는 역할(운임예시기능)을 한다. 한 달 전, 일 년 전에 미리 FFA 거래를 하기 때문에 화주, 선주, 금융기관 등 FFA 시장 참여자는 미리 미래 운임에 대해 예측하고 거래에 참여하게 된다. FFA 시장에서 미래 운임이 오를 것이라는 전망이 우세하면 그에 비례해서 FFA 계약운임이 오르고, 반대의 경우에는 내리게 된다. 실제로 과거의 자료를 활용하여 통계적으로 분석해 보면, FFA 운임은 실제 스팟운임을 평균적으로 잘 예시(discovery)하고 있는 것으로 나타난다. 물론, 그 때 그 때에 따라 예측에 오차는 생기지만, 평균적으로는 이런 오차가 0에 가까운 것을 볼 수 있다. 따라서 화주와 선주들은 물론이고, 다양한 해운시장 참여자들이 FFA 시장에서 형성된 미래 운임을 보고 예측을 할 수 있게 되었다.

따라서 FFA 운임이 오르면 미래에 운송서비스 가격이 오를 것을 대비해서 준비할 수 있고, FFA 운임이 떨어지면 그에 상응한 준비를 할 수 있는 것이다. 이 같은 메카니즘으로 인해 해운시장에서 선박 활용의 효율성을 제고할 수 있게 되는 것이다. 그러나 역으로보면, 미래 운임이 오를 것으로 기대하게 되면, 선주들은 상대적으로 운임이 낮은 지금 운송계약을 체결하지 않고 미래에 계약을 하고자 하면서 현재의 선박공급이 줄어들게 된다. 따라서 현재의 운임이 오르게 되는 효과가 있다. 이를 과민반응(overshooting)이라고 한다. FFA 시장과 스팟시장을 활용할 때 유념해 두어야 하는 현상이다.

영국, 싱가포르 등은 스팟시장과 FFA 시장이 동시에 발달한 국가이다. 특히 FFA 시장의 발전으로 해운관련 지식서비스 산업 또한 크게 발전하고 있는 점은 해운산업 발전을 도모하고 있는 우리나라에 큰 시사점을 제공한다. 즉 FFA 시장을 활성화하여 해운중개업은 물론이고, 선박투자와 관련된 해운금융산업의 발전도 견인할 수 있을 것으로 기대된다. 그럼, 우리나라는 FFA 시장 활성화를 통한 해운산업 발전전략을 어떻게 도모해야 하는가?

싱가포르, 스웨덴 등은 영국에 있는 볼틱해운거래소(Baltic Exchange)에서 제공하고 있는 BDI 등의 해상운임지수를 기초자산(underlying asset)으로 하여 자국 증권거래소 시장에서 해운파생상품을 거래하도록 하고 있다. 우리나라도 동아시아 지역의 특화된 해운지수를 기초자산으로 하는 해운파생상품을 도입하기 전에, 우선적으로 볼틱해운거래소의 해운지표를 기초자산으로 하는 해운파생상품을 한국거래소에 상장하는 방안을 적극적으로 추진할 필요가 있다. 이미 검증된 지표를 활용해 한국에서 해운파생상품 거래시장을 조성해서, 이와 관련된 해운중개업, 해운지식서비스업을 육성할 필요가 있는 것이다. 이 과정에서 자연스럽게 화주, 선주, 금융기관들의 시장참여를 활성화할 수 있고, 해운중개업 등의 관련 산업도 발전할 계기가 마련될 것이다. 이런 선제적 시장 조성을 먼저 하고, 동아시아 지역에 특화된 해운파생상품 거래의 도입을 추진하는 것이 현실적인 대안이 될 수 있을 것이다.

9

과학적 시황분석의 의미

정보통신기술의 비약적 발전으로 가용한 정보자산이 폭발적으로 확대되고 있다. 자동식별시스템(AIS)을 통해 바다에서 운항 중인 선박에 대한 위치 정보를 파악하는 것은 물론이고, 다양한 장치(사물인터넷 등)를 통해 소위 빅데이터를 확보할 수 있는 여건이 크게 개선되고 있다. 또한 볼틱해운거래소, 클락슨 등에서 제공하고 있는 해운시장 정보를 전통적 통계분석방법이 아닌, 비정형 데이터를 포함하는 빅데이터를 활용하는 인공지능 알고리즘을 통해 분석하는 시도가 활발히 이루어지고 있다. 이 글에서는 '과학적 시황분석'의 의미를 재검토하여 해운산업의 발전방향에 대한 시사점을 도출해 보고자 한다.

먼저 르네상스와 계몽주의를 통해 인류역사에 나타난 '과학'이 무엇인지에 대해 답할 필요가 있다. 과학철학이라는 분과에서 벌어지는 논쟁에서 알 수 있듯이, 어떤 특징이 과학을 규정하는지에 대해서는 다양한 논의가 가능하다. 그럼에도 불구하고, 쉽게 동의

할 수 있는 부분은 우리가 전기(電氣)를 쓰고, 비행기를 탈 수 있는 것은 바로 과학적 지식을 알고 있기 때문이라는 것이다. 따라서 과학은 과거에 우리가 의존했던 점성술과 여타의 전통적 지식체계와는 분명히 다른 어떠한 장점을 지니고 있다.

과학이 전통적 지식체계와 구별되는 가장 중요한 점은 무지를 기꺼이 인정한다는 사실이다(유발 하라리, 「사피엔스」, 조현욱 옮김, p. 356 참조). 또한 이러한 무지를 극복하고 현상의 원인을 이해하기 위해 가설을 세우고, 관찰을 통해 검증해 나가는 방법론이 과학의 중요 특징이다. 이러한 과정을 통해 과학은 우리에게 일을 보다 효과적이고 효율적으로 할 수 있는 지식을 주는 것이다. 즉 과학은 현상의 이면에 작용하는 인과관계를 규명하여, 우리가 앞으로 벌어질 사태를 예측하고 합리적인 통제를 할 수 있도록 해준다.

따라서 '과학적 시황분석'을 한다는 것은 시황분석을 검증 가능한 방식으로 수행하여 시황의 움직임에 대한 지식을 획득하고 이를 선사, 화주 등의 경제주체들이 이용하자는 것으로 해석할 수 있다. 이러한 '과학적 시황분석'이 소기의 성과를 거두기 위해서는 반드시 충족해야 하는 전제가 있다. 그 전제란 이러한 '과학적 시황분석'의 결과에 영향을 받는 의사결정이 미래의 시황에 영향을 미치지 않아야 한다는 것이다.

왜 이러한 전제조건이 충족되어야 하는지를 우선 'El Farol Bar 문제'(Brian Arthur가 1994년 제기한 문제 상황으로 인터넷 Wikipedia에서 상세한 설명을 볼 수 있다)를 통해 살펴보자. El Farol Bar는 미국 산타페(Santa Fe, 대표적 복잡계 연구소가 위치해 있다)에 위치한 아일랜드풍의 카페(bar)이다. 논의의 편의를 위해 이 카페에 갈 수 있는 사람이 총 100 명이라고 하자. 이들은 특정한 날에 다른 사람들이 이 카페에 갈지 여부를 사전에 알지 못한다. 다만, 100 명 중 60 명 이상이 카페에 갈 경우 너무 혼잡해서 카페의 분위기를 즐기지 못하기 때문에, 60 명 미만이 카페에 나타나는 경우에만 카페의 분위기를 즐길 수 있다. 따라서 이들 100 명은 카페에 가기 전에 몇 명의 사람들이 카페에 올 지에 대해 예측을 해야 한다. 이러한 'El Farol Bar 문제'가 보여주는 예측 문제의 핵심적 내용은 이들이 동일한 결정적(deterministic) 예측 방법을 모두 같이 사용하면, 어떠한 방법도 이 목적을 충족시킬 수 없다는 것이다. 즉 60 명 미만이 카페에 올 것이라는 예측이 나오면, 모두가 카페에 나타나서 예측이 실현되지 않고, 반대로 60 명 이상이 카페에 올 것이라고 예측하는 경우에는 모두가 카페에 나타나지 않아서 예측이 실현되지 않는 것이다.

바로 'El Farol Bar 문제'가 '과학적 시황분석'에도 적용이 된다. 예를 들어, 어떤 계량경제학자가 2년 뒤에 10만 톤 벌크선 가격의 현재가치가 현재 신조선 건조가격보다 높을 것이라고 예측했다고 가정해 보자. 그리고 이 예측은 계량경제학자 자신이 시장에 직접 영향을 미치지 않는다면 실현된다고 가정하자. 이러한 상황에서 만약 어떤 선박 투자자가 이 예측을 믿고, 1척의 10만 톤 벌크선을 신조한다고 생각해 보자. 전체 시장에서 이 선박 1척이 추가되면서 선박가격에 미치는 영향은 미미하기 때문에 계량경제학자의 예측은 거의 100%에 가깝게 실현될 것이다. 그러나 어떤 선박 투자자가 100 척의 선박을 신조하는 경우는 어떻게 되겠는가? 새로 추가되는 100 척으로 인해 2년 뒤에 선박가격은 크게 하락하게 될 것이고, 계량경제학자의 예측은 실현되지 못할 것이다. 이 같은 현상이 벌어지는 것은 계량경제학자의 예측이 시장에 영향을 미치지 않아야 한다는 가정이 100 척의 선박발주로 지켜지지 않았기 때문이다.

요약하면, 해운시장에서도 어떤 결정적 예측 방법도 모든 시장 참여자가 동일하게 이 방법론을 사용할 경우에는 현실에서 그 예측이 실현되지 못한다. 즉 '과학적 시황분석'을 통해 특정 해운 투자자가 거둘 수 있는 수익성은 '과학적 시황분석'의 공유 수준에

의존하게 된다. 아울러 이러한 예측 정보의 공유 문제는 선박투자뿐만 아니라, 용선료 및 용선기간 결정, 특정 항로로의 배선 문제 등에도 적용된다. 따라서 '과학적 시황분석'이라는 목표를 설정하고 이로부터 도출된 분석방법론을 실제 영업 현장에서 활용할 때 각별한 주의가 요구된다.

그렇다면 '과학적 시황분석'이라는 화두를 통해 우리 해운산업계는 어떠한 교훈을 배울 수 있는가? 필자는 크게 세 가지의 시사점이 있다고 판단한다. 첫째는 앞서 언급한 바와 같이, 자신만의 독창적인 '과학적 시황분석'을 통해 시황의 등락을 활용하여 수익을 거두는 것이다. 이를 가장 잘 하는 해운국가가 바로 그리스이다. 다음으로, 앞에서는 '과학적 시황분석'에 필요한 모든 자료와 정보가 주어진 것을 암묵적으로 가정했지만 이 가정을 현실적으로 보면 두 번째 시사점이 도출된다. 즉 이러한 복잡한 해운시장에서 필요로 하는 제도와 정보를 만들어 내는 것이다. 대표적인 제도로서 운임선도거래(FFA) 시장과 같은 해운파생시장을 만들어 해운시장 참여자들이 스스로 미래 시황변동위험을 관리할 수 있도록 하는 것이다. 또한 클락슨과 같이 고급 해운시장 정보를 기반으로 지식정보서비스 산업을 키우는 것이다. 바로 제도와 정보에 우위를 지니고 있는 국가가 영국이다. 마지막으로 우리가 주목해야 하는 것은 이러한 앞의 두 가지 측면은 모두 해운시장의 제로섬(zero-sum) 게임에 기반하고 있다는 것이다. 즉 새로운 부가가치를 만들어 내기 보다는 주어진 수급 상황에서 어느 쪽이 더 큰 파이를 가져갈 지를 결정하는 게임에 초점이 맞춰진 전략이다. 그러나 해운산업은 조선 기술, IT 기술 등을 이용해 근본적으로 해상운임(화주에게는 운송비용)을 절감하는 혁신을 수행할 수 있다. 컨테이너 선박의 대형화와 각종 환경규제에 대응한 에코(eco) 선박이 이에 해당된다. 아쉽게도 세계 1위 조선대국인 우리나라는 이러한 세 번째 부가가치 창출형 혁신전략을 전개할 수 있는 잠재력을 충분히 가지고 있지만, 화주-선사-조선소 협력 부족으로 이를 실현시키지 못하고 있다.

앞으로 우리나라가 '과학적 시황분석'을 넘어 '과학적 기업경영 전략'을 통해 해운강국이 되기 위해서는 화주 중심의 고객만족 경영철학을 확립하고, 글로벌 해운시장의 복잡성을 '과학적 방법'으로 대처해 나가야 할 것이다.

10

대기업 물류자회사와 3자 물류산업의 발전방향

우리나라 해운산업의 재도약과 발전을 위해 선사와 화주 간의 상생문화가 정착될 필요성이 꾸준히 제기되어 왔다. 특히 대기업 물류자회사와 국적 컨테이너 선사 간의 협력은 이 같은 선화주 상생노력의 시금석으로 간주될 만큼 매우 중요한 의미를 지닌다. 해운업계에서는 물류자회사의 수요 독과점적 지위의 오남용을 막기 위해 다각도로 노력을 펼치고 있다. 이러한 노력의 일환으로 2017년에는 국회에 물류자회사의 제3자 물량 취급을 원천적으로 막는 해운법 등의 개정안이 발의되기도 했다. 여기서는 물류자회사가 해운시장에 미치는 영향을 분석하고, 이에 대한 규제방안, 그리고 제3자 물류산업이 발전할 수 있는 정책방향에 대해 살펴보고자 한다.

물류자회사가 모기업의 물량을 기반으로 제3자 물량까지 더해 선사들에게 부당한 운임인하, 계약 불이행 등의 불공정행위를 하고 있다는 문제제기가 지속되었다. KMI가 한국선주협회의 도움을 받아 근해 컨테이너선 수출항로에서 이 같은 운임인하로 인한 선사의 수익성 악화를 계산한 바에 따르면, 연간 최소 1,290억 원 상당의 선사 매출 감소가 일어나는 것으로 나타났다. 결코 적지 않은 규모이다.

문제는 이러한 선사 수익성 악화로 그 영향이 끝나지 않는데 있다. 수익성이 악화된 선사는 이를 만회하기 위해 상대적으로 가격 협상력이 떨어지는 중소 수출입 화주에게 더 높은 운임을 요구하게 된다. 따라서 대형 제조기업의 국제 물류경쟁력은 더욱 커지게 되고, 중소 제조기업의 국제 물류경쟁력은 오히려 약화되는 것이다. 이 같은 부정적 영향은 쉽게 관찰이 되지 않는다는 측면에서 문제제기가 어렵고, 바로잡기도 쉽지 않다.

또한 물류자회사가 제3자 물류시장에서 영업을 확대하면서 중소 제3자 물류기업의 어려움도 커지고 있다. 우선 경쟁이 가열되면서 물류회사들의 단가가 떨어지고, 나아가 물류자회사가 재하청을 주면서 국제물류주선시장의 거래질서가 문란해지고 있다. 또한 물류자회사의 시장점유율 확대로 제3자 물류기업의 매출이 감소하는 소위 시장잠식효과(market-stealing effect)도 발생하고 있다.

이러한 물류자회사의 해운시장에 대한 부정적 영향을 차단하는 조치를 강구함에 있어 반드시 고려해야 하는 점이 있다. 이는 물류자회사가 사업을 확대하는 것을 무조건 막을 수 없다는 점이다. 대기업 물류자회사는 모기업의 국제 물류서비스 파트너로서 모기업 서비스를 위해 우선 설비 및 전문 인력에 대한 막대한 글로벌 네트워크를 구축하게 된다. 이러한 선제투자는 일종의 고정자산에 대한 투자(fixed cost)이기 때문에 물류자회사의 처리 물량이 많아지면, 전체 평균비용이 하락하는 소위 규모의 경제효과를 가져오게 된다. 즉 물류자회사가 시장점유율을 제고하는 것을 무조건적으로 비판할 수는 없다. 따라서 앞서 설명한 부정적 영향을 줄이면서도, 이 같은 물류자회사의 규모의 경제효과 또한 고려하는 정책방안의 마련이 필요하다.

우선 물류자회사의 국내 물류시장에서의 영업을 제한하는 정책을 추진할 필요가 있다. 한국선주협회가 집계한 바에 따르면, 2015년 7대 물류자회사의 국내 수출 컨테이너의 자사 물량이 37.6%, 제3자 물량이 62.4%로 나타났다. 여기서 물류자회사의 제3자 물량 취급을 전면적으로 금지하게 되면 물류자회사의 규모의 경제효과를 배제하는 부작용이 우려된다. 즉 모기업인 수출제조기업의 국제 물류경쟁력에도 큰 충격을 줄 우려가 있다. 그러나 앞서 3 가지 측면에서 설명한 대기업 물류자회사의 영업확대에 따른 피해도 감소시킬 필요가 있다. 따라서 하나의 절충점으로서 우선 대기업 물류자회사의 국내 제3자 물량의 비중을 50% 수준에서 제한하는 대책을 추진하는 것을 검토할 수 있다. 이렇게 되면, 우선 물류자회사는 국내 물류시장에서 일부 영업을 제3자 물류기업에게 양보해야 하기 때문에 제3자 물류기업이 성장할 수 있는 토대가 마련된다고 판단된다.

다음으로 물류자회사의 수요 독과점적 지위를 남용한 불공정거래행위에 대한 감독을 강화해야 한다. 현재 공정거래위원회는 시장지배적 지위를 남용한 경우, 행정적 제재로서 시정조치와 매출액의 3% 이하의 과징금을 부과할 수 있다. 또한 벌칙으로 공정위 고발에 의해 3년 이하의 징역에 처할 수도 있다. 문제는 특정 선사가 신고하여 사후 감독으로 물류자회사의 시장 지위 오남용을 규제하기가 사실상 어렵다는데 있다. 특정 선사의 경우 이러한 공정위에 대한 신고로 사실상 물량 유치가 어려워져 선사의 생존에 위협을 받기 때문이다. 따라서 독립적으로 물류자회사의 불공정거래행위를 감시할 수 있는 제도적 보완이 필요하다. 즉 공정위 또는 해양수산부 내에 상시적으로 물류자회사의 시장지위 오남용을 감시하는 조직의 신설이 필요하다.

마지막으로 3자 물류기업을 육성할 수 있는 정책을 추진해야 한다. 지금 시행되고 있는 종합물류기업 인증제도는 원래 제도 도입 당시에는 인증기업으로부터 제3자 물류서비스를 이용하는 화주에게 법인세 혜택을 부여할 계획이었다. 그러나 중소 제3자 물류기업이 오히려 인증을 받지 못하는 상태에서 시장의 쏠림 현상으로 중소 제3자 물류기업이 도산할 우려가 있어, 실제 법안에서는 이러한 화주 지원책이 반영되지 못했다. 따라서 여기서는 '기업 규모를 반영한 제3자 물류업체 이용 화주의 세제지원 정책'을 제안하고자 한다. 우선적으로 언급해야 하는 것은 기존의 종합물류기업 인증제도와는 달리 제3자 물류기업이 별도의 인증 없이 화주의 세제 지원과 연계되어 지원받도록 해야 한다. 둘째, 기업 규모별로 차등하여 제3자 물류업체를 지원함으로써 규모가 큰 제3자 물류기업이 오히려 큰 역차별을 받는 것을 막을 수 있다. 예를 들어, 중소기업의 정의에 해당되는 제3자 물류기업은 전년도 물류비 대비 증가액의 100분의 3의 비용을 화주가 소득 공제받도록 하는 반면, 중소기업보다 규모가 큰 제3자 물류기업은 기업 규모에 비례하는 만큼 적은 규모(예를 들어 100분의 2) 만큼 이용 화주가 소득 공제를 받을 수 있도록 하면 될 것이다.

독일의 질서 자유주의에 따르면(이 책의 3. 독일 질서 자유주의와 해운항만 산업정책), 자신의 이해관계에 따라 행동하는 우리의 경제행위가 사회전체의 이익에 기여하는 방향으로 경제 질서가 형성될 필요가 있고, 이 책임을 정부가 지게 된다. 물류자회사의 자신의 이익을 증진하는 행위가 사회적 선(善)으로 이어지기 위해서는 정부의 책임 있는 규제가 매우 필요한 시점이다. 이를 통해 선화주 상생의 문화가 우리 해운산업계에 뿌리내리길 바라면서 글을 마치고자 한다.

제 3 부

지식사회에 대한 제언

11

로머 교수의 지식경제학

지난 10월, 2018년 노벨경제학상 수상자로 노드하우스(Nordhaus) 교수와 로머(Romer) 교수가 선정되었다. 노드하우스 교수는 기후변화를, 로머 교수는 지식의 문제를 경제학에 접목한 공로를 인정받은 것이다. 사실 로머 교수가 경제에서의 지식의 역할을 강조하는 것이 새롭지만은 않다. 1950년대에 이미 솔로우(Solow) 교수가 경제성장에 있어 핵심적 역할을 기술변화, 즉 지식이 담당하고 있다고 주장한 바 있으며, 이런 공로를 이어 받아 1987년에 노벨경제학상을 받았다. 그리고 드러커(Drucker), 토플러(Tofler) 등이 이미 현대사회가 지식사회에 접어들었음을 많은 근거와 이론으로 논증한 바 있다. 여기서는 로머 교수가 지식과 경제의 관계에 대해 어떻게 설명했으며, 그의 주장의 의미와 한계, 그리고 해운산업에 대한 시사점을 살펴보고자 한다.

많은 학자들이 중국, 인도 등의 거대 인구의 국가가 미국처럼 소비를 하게 되면, 우리가 사는 지구가 이를 수용할 수 있을지 걱정을 한다. 만약 이 질문을 글자 그대로 이해한다면, 이에 대한 대답은 현재로는 '아니다'(No), 즉 지구가 이러한 중국, 인도의 경제발전을 수용할 수 없을 것이라고 답해야 할 것이다. 그러나 이 문제를 좀 다른 각도에서 생각해 볼 수 있다. 미국, EU는 물론이고, 중국, 인도 등의 거대 경제권이 문명화에 따른 혜택도 보지만, 지구의 수용가능성에도 문제가 없도록 하는 어떤 방법(지식, 과학기술 등으로 불러도 좋다)을 찾아낸다면, 이러한 지속가능한 발전에 대한 대답은 '그렇다'(Yes)가 될 수 있을 것이다. 로머 교수가 경제학에 기여한 가장 중요한 부분이 바로 이 같은 논점을 명확히 하고, 시장경제의 지속가능한 발전 메커니즘을 규명한데 있다.

로머 교수의 연구가 수행되기 이전에 솔로우 교수 등의 연구를 통해 이미 경제학계에서는 경제발전이 가능한 것은 크게 물적 투입(노동 투입 또는 자본재 투입 등)의 증가와 지식(과학기술)의 발전에 있다는 점이 충분히 밝혀졌다. 그러나 문제는 물적 투입의 증가는 자연자원의 희소성과 한계생산 체감의 법칙 때문에 지속가능한 경제발전의 동인(動因)이 될 수 없다는 것이다. 그리고 당시 경제학계에서는 지속가능한 성장동인인 지식의 발전이 경제주체(특히 기업)의 의도적인 투자 등을 통해 이루어진다는 것을 경제모형으로 설명하지 못하고, 다만 어떤 블랙박스(black box)를 통해 경제에 주어진다고 생각하는 한계를 지니고 있었다. 바로 이 지점에서 로머 교수의 연구가 획기적인 전환점을 제공하게 된다. 즉 거의 제약 없이 만들어 낼 수 있는 지식의 발전을 통해 경제의 지속적 성장과 발전이 가능할 뿐 아니라, 시장경제에서 제공하는 유인(incentive)을 통해 이러한 지식발전을 이루어 낼 수 있음을 수학적 경제모형을 통해 학계에 보여준 것이다.

이러한 로머 교수의 이론이 제시될 수 있었던 근거는 아주 단순해 보이지만, 설득력이 큰 다음과 같은 차트(chart)의 개발에 있었다.[1] 먼저, 횡축으로 경제적 재화를 물건(경합 제품)과 비트 조각들(비경합 제품)로 구분할 수 있다. 즉 물건들은 내가 사용하면 다른 사람이 사용할 수 없는 특징, 즉 경합성(rivalry)을 지닌다. 그리고 종축으로는 배제가 가능한 정도를 나타낸다. 기초 R&D의 결과는 공개되어 배제를 하지 않지만, 월마트의 경영 매뉴얼은 다른 경쟁자들이 알 수 없도록 부분적으로 배제할 수 있다. 로머 교수는 경제의 지속가능한 발전을 이 도식을 이용해 설명하고 있다. 즉 기업은 고정비용(fixed cost)을 들여 R&D를 수행하여 새로운 생산기법을 만들어 낸다. 이러한 새로운 생산기법은 물리적 성격상

1) 로머 교수의 학술적 기여와 이것이 이루어진 과정에 대해서는 이미 Warsh, *Knowledge and the Wealth of Nations*, 2006, 데이비드 워시, 「지식경제학 미스터리」(김민주 · 송희령 옮김), 2008에서 재밌고 상세하게 소개되어 있다.

비경합성(non-rivalry)을 가지기 때문에 다른 경제주체가 이를 사용할 수 있다. 따라서 비경합적 지식을 활용하여 다른 경제주체들이 보다 가치있는 생산을 확대할 수 있기 때문에 경제전체적으로 성장(발전)할 수 있게 된다. 한편, 이러한 새로운 생산기법에는 특허 등을 통해 부분적 배제성을 부여하여 일시적으로 독점적 이윤을 얻을 수 있도록 한다. 즉 특허 제도는 시장경제의 기업들이 R&D 투자를 할 수 있는 제도적 기반, 즉 경제적 유인기제(incentive mechanism)가 된다.

로머의 차트

배재성 정도	경합 제품 (예 : 물건)	비경합 제품 (예 : 비트조각들)
100%	**인적 자본**	**코드화된 위성텔레비전 방송**
	플로피 디스크	
		소프트웨어 코드
		월마트 경영 매뉴얼
	바다의 수산물	
0%		**기초 R&D**

자료 : Warsh(2006)의 p.286.

이러한 로머 교수의 기본적 생각은 경제학계에 매우 큰 영향을 미쳤다. 적어도 경제성장과 발전을 고민하는 경제학에 있어, 기존의 인간이나 물건의 경제학과는 매우 다른 비경합 제품, 즉 지식의 경제학이 필요해진다. 즉 경제원론에서 언급되는 생산의 3대 요소가 '토지, 노동, 자본'에서 '사람(people), 아이디어(idea), 재료(things)'로 바뀌게 된다. 필자는 이러한 의미에서 로머 교수가 드러커와 토플러가 예견한 '지식사회 경제학'의 초석(礎石)을 다진 것으로 평가한다.

그러나 이러한 로머 교수의 경제학 논의가 완결된 것은 아니다. 여전히 로머 교수는 지식사회에서 새로운 지식이 창출되고 전파되는 것을 활성화하기 위한 새로운 메타 아이디어(meta idea)의 필요성을 제기하고 있다. 즉 우리사회의 지식경제학이 더욱 발전해야 한다는 것이다. 필자는 로머 교수가 지식의 비경합성과 부분적 배제성이 거시적 성장에 미치는 영향에 대해서는 명쾌하게 설명했지만, 여전히 과학기술적 또는 제도적 지식의 창출 및 활용이 어떻게 이루어지는지에 대해서는 분명한 해답을 제시하지 못하고 있다고 생각한다. 따라서 이렇게 남아 있는 블랙박스에 대해서는 여전히 현실의 경제적 삶을 살고 있는 우리가 아직 답을 찾아 노력할 필요가 있을 것이다.

마지막으로 이러한 로머 교수의 논의에서 해운 산업정책의 필요성을 강조하고자 한다. 로머 교수는 기업의 R&D 투자가 시장경제 내에서 활성화되기 위해서는 일시적 독점을 허용하는 특허 제도 등의 지적재산권이 중요하다고 설명하고 있다. 이러한 지적재산권 보호의 논리의 핵심에는 R&D를 통해 창출되는 지식을 전통적 자유시장경제에 방치하게 되면, 비경합성의 특성으로 인해 기업들이 R&D 등의 고정비용을 회수하지 못해 지식이 과소공급된다는 문제의식이 자리잡고 있다. 이는 해운산업, 특히 컨테이너 정기선 산업에도 적용될 수 있는 논리이다. 컨테이너 해운산업도 선사들의 서비스 공급자 간의 자율적 조정행위, 즉 과거의 해운동맹과 현재의 전략적 제휴(strategic alliance) 등이 없이는 고정비용의 회수가 불가능한 운임덤핑 경쟁이 만연할 수 밖에 없다. 자유경쟁의 원리가 안겨주는 경제적 효율성이라는 혜택을 누리면서 동시에 현실의 시장 불완전성이 야기하는 문제를 풀어갈 수 있는 지혜로운 해법의 모색이 긴요한 시점이다.

12

혁신 이론과 4차 산업혁명

들어가며

우리나라는 1950년대까지도 보리가 미처 여물기 전에 곡식이 떨어져 먹을 것이 없어 어려움을 겪는 보릿고개가 있었다. 영아사망률 통계로 보면 1950년대에 영아 1천 명당 138명이 죽었던 것이 2014년에는 2.9명으로 줄었다고 한다. 이처럼 우리 사회는 천지개벽이라 평가해도 좋을 만큼 단기간에 물질적으로 크게 풍요로워졌다. 변화 속도에는 차이가 있을 지라도, 이 같이 우리 인류의 삶이 끊임없이 개선되어 온 것은 경제적 혁신(革新, innovation)이 있어 가능했다. 또한 앞으로도 혁신은 상상을 뛰어 넘는 수준으로 우리의 삶을 획기적으로 발전시킬 것으로 기대된다. 그러나 이렇게 좋은 혁신도 그 시대에는 불가피하게 실업 등과 같은 경제적 조정문제를 야기하면서 사회적 과제를 던져준다. 이 글에서는 최근에 큰 주목을 받고 있는 4차 산업혁명을 경제학의 혁신 이론의 관점에서 바라보고, 시사점을 논의해 보고자 한다.

4차 산업혁명

인류의 삶을 획기적으로 변화시킨 역사적 사건에 대해 우리는 흔히 혁명(革命)이라 부른다. 혁명이 정치적 의미를 지닐 때 정치혁명이라 하고, 혁명이 일하는 방식을 변화시킬 때 흔히 산업혁명이라고 부른다. 1차 산업혁명은 석탄을 이용한 증기기관이 등장하고 이를 이용한 철도와 증기선으로 운송이 이루어지고, 섬유를 기계가 짜면서 우리의 삶이 이전의 농업문명과 확연히 달라진 시기를 의미한다.[1)] 2차 산업혁명은 1860년대부터 석유가 석탄을 대신하고, 전기를 사용해 전신이나 전화를 사용하기 시작한 변화를 말한다. 이 시기에 생산조립 라인이 출현하면서 대량생산-대량소비가 문명의 상징이 되었다. 3차 산업혁명은 2차 세계대전이 끝난 후 반도체와 컴퓨터, 그리고 이를 활용한 수치 제어 로봇 등이 우리의 삶을 바꾼 시기로 '컴퓨터 혁명' 혹은 '디지털 혁명'으로 불린다.

4차 산업혁명은 21세기 들어 물리학 기술, 디지털 기술, 생물학 기술 등이 상호 간에 끊임없이 융합하고 조화를 이루면서 우리 삶

---

1) 앨빈 토플러(Alvin Tofller)는 이 같은 1차 산업혁명으로부터 시작된 변화를 농업문명(제1물결)에서 산업문명(제2물결)으로의 이행으로 이해했다. 그리고 뒤에서 설명할 디지털 기술에 기반한 3차 산업혁명 이후의 변화를 지식정보문명(제3물결)으로 평가했다. 필자는 개인적으로 1차, 2차, 3차, 4차 산업문명의 구분보다는 토플러의 제1, 제2, 제3 물결의 구분을 더 설득력 있는 것으로 생각한다. 토플러의 논의에 관심이 있는 독자는 이제는 고전(古典)이 된 토플러, 「제3물결」, 한국경제신문사, 1992을 일독하길 권한다.

을 혁명적으로 바꾸고 있는 지금 현재의 모습을 지칭한다. 2016년 3월에 있었던 이세돌과 알파고의 바둑 대결로 우리에게 큰 충격을 주었던 인공지능(AI, Artificial Intelligence)과 로봇공학, 사물인터넷(IoT, Internet of Things), 자율주행자동차, 3D 프린팅, 나노기술, 생명공학, 재료공학, 에너지 저장기술, 퀀텀(quantum) 컴퓨팅 등의 분야가 4차 산업혁명을 대표하고 있다. 물론 이 같은 큰 변화는 이전의 산업혁명에도 있었지만, 흔히들 4차 산업혁명은 그 규모, 범위, 깊이, 속도 그리고 복잡성에서 그 이전과는 확연히 다르다고 평가되고 있다.

해운 · 항만에서의 4차 산업혁명

이러한 4차 산업혁명이 해운과 항만에는 어떤 변화를 만들어 낼까? 혹자는 4차 산업혁명의 로봇공학, 3D 프린팅 등의 자동화 기술로 인해 현재의 선진국-개도국 간의 분업구조가 바뀌면서 생산거점이 선진국의 소비지 중심으로 이동할 것으로 전망한다. 소위 리쇼어링(reshoring)이 크게 확대된다는 것이다. 이 전망이 현실화되면 해상물동량이 원거리 항로에서 근거리 항로로 옮겨 갈 것으로 예측된다. 그러나 필자는 이 같은 전망에 대해 아직은 유보적 입장을 가지고 있다. 왜냐하면, 국제무역은 개도국의 낮은 인건비라는 한 가지 요인에 의해서만 생겨나는 것이 아니기 때문이다. 국제무역은 부존자원의 차이, 비교우위, 규모의 경제 활용을 위한 시장 확대 요인 등의 다양한 이유로 해서 발생한다. 따라서 4차 산업 혁명이 이러한 요인들에 어떤 영향을 미치는 지에 따라 국제무역의 방향과 규모에 복합적인 영향을 미칠 것으로 전망된다.

한편, 4차 산업혁명은 해운 · 항만산업의 서비스 생산방법 또한 변화시킬 전망이다. 인공지능, IoT, 빅데이터, 초고속 해상통신망 기술을 활용해 선박은 자동차와 같이 자율운항이 가능해 질 것이다. 또한 항만 터미널도 하역과 야드 작업이 무인화된 완전자동화 터미널이 이미 상용화되었다. 블록체인 기술을 도입하여 무역 및 물류에 수반되는 정보흐름의 효율성과 안전성이 제고될 것이다. 아울러 선박관리, 해운중개 등의 전통적인 해운지원 산업의 업무도 빅데이터를 활용한 인공지능 기술로 크게 바뀔 것이다. 그리고 이 같은 해운 · 항만산업에서의 4차 산업혁명은 분명 이전에 비해 큰 혜택을 제공한다. 해상사고에 따른 인명손실, 하역과정에서의 다양한 안전문제 등이 근본적으로 해결될 수 있는 계기가 될 것이고, 업무의 효율성이 획기적으로 개선될 것이다. 우려스러운 부분은 이러한 4차 산업혁명으로 선원, 하역 노동자 등의 일자리가 사라질 위협에 처해 있다는 점이다. 후술하겠지만, 이러한 실업문제는 우리 경제사회의 포용성을 확대하여 부작용을 최소화해야 할 것이다.

혁신의 이해

혁신은 크게 세 가지 차원에서 이해할 수 있다. 첫째, 시장 경제 내에서 나타나는 혁신의 일반적 특성을 기준으로 혁신의 종류를 분류해 볼 수 있다(what, where, when). 둘째, 혁신이 어떻게 일어나는지를 알아봄으로써 혁신에 대한 이해를 더 할 수 있다(who, how). 셋째, 혁신이 경제 전체의 성장으로 이어지는 메카니즘을 이해함으로써 혁신의 중요성을 파악할 수 있다(why).

슘페터(Schumpeter)[2]는 일찍이 혁신을 새로운 결합(new combination)으로 이해하고, 혁신이 수행되는 경우를 다섯 가지 경우로 나누어 설명했다.[3] 첫째, 새로운 재화, 즉 소비자들이 알지 못하는 새로운 제품과 서비스를 만들어 내는 것이다. 스마트폰은 대표적인 새로운 재화이다. 둘째, 새로운 생산방법, 즉 재화를 보

---

2) 슘페터와 케인즈는 하이예크와 함께 20세기의 3대 경제학자로 평가된다. 눈에 띄는 사실은 「자본론」으로 유명한 마르크스가 타계한 1883년에 슘페터와 케인즈가 태어났다는 점이다.

3) 슘페터는 자본주의 발전의 핵심 개념으로 혁신을 설명하고 있다. 관심이 있는 독자들은 슘페터, 「경제발전의 이론」(박영호 옮김), 2012와 슘페터, 「자본주의 · 사회주의 · 민주주의」(변상진 옮김), 2011를 참고하면 크게 도움이 될 것이다.

다 효율적인 방법으로 생산하는 것이다. 자동화 기술의 채택이 이에 해당된다. 셋째, 새로운 판로의 개척, 즉 기존에 매출이 없던 곳에서 새롭게 고객을 창출하는 것이다. 기업들이 신흥시장에 진출하는 경우가 이에 해당된다. 넷째, 원료 혹은 반제품의 새로운 공급원 획득, 자연자원이 풍부한 곳을 개발하는 경우가 이에 해당된다. 다섯째, 새로운 조직의 실현, 해운에서는 정기선사들의 동맹이 해체된 경우가 이에 해당된다. 예를 들면, 해운에서는 컨테이너의 도입이 새로운 운송 서비스를 만들어 낸 것이자, 운송서비스의 효율성을 크게 개선시킨 경우이다. 아시아 및 개도국 운송시장의 성장은 새로운 판로의 개척에 해당한다. LNG 추진선의 도입은 새로운 원료의 공급원을 찾는 경우가 된다.

슘페터는 새로운 결합, 즉 혁신을 능동적으로 수행하는 경제주체를 기업가(起業家, entrepreneur)[4)]라고 불렀다. 개념적으로 본다면, 기업의 주주, 전문 CEO, 관리자, 중역 모두 새로운 결합을 수행한다면 기업가라고 할 수 있다. 그러나 통상적으로 생산 측면에서의 새로운 변화가 혁신이라고 할 때, 현재의 우리 경제에서는 기업이 혁신의 경제주체라고 이해된다. 혁신의 개념을 보다 일반화

---

4) 기(起)는 일으킨다는 뜻이다. 사업체를 운영한다는 의미의 기업가(企業家)와는 한자 표기 및 의미가 다른 점에 유의해야 한다.

하여 진화(또는 변화)하는 소비자의 니즈(needs)에 맞추어 기업이 기존의 생산방식을 바꾸어 제품과 서비스를 제공하는 것을 혁신이라 볼 수 있을 것이다.[5)] 이러한 혁신은 현대 기업의 일상적 업무가 되었고, 이를 통해서만 시장경쟁에서 살아남고 번영할 수 있을 것이다. 한편, 혁신이 시장의 판도를 바꾸는 기업가(起業家)적 활동에 의한 것인지, 기업(企業)의 일상화된 조직적 연구개발(R&D)에 의한 것인지에 대한 의문이 제기될 수 있다. 보몰(Baumol) 교수는 기업의 일상화된 연구개발이 혁신의 99%를 차지한다고 주장하면서, 자본주의 경제는 이 같은 기업의 혁신으로 지속적으로 발전한다고 강조하고 있다.[6)] 아울러 우리가 신문이나 정책발표에서 흔히 볼 수 있듯이, 혁신은 기업, 정부, 연구소, 대학 등의 다양한 주체가 참여하여 이루어진다. 그리고 법 · 제도적 뒷받침이 있을 때 혁신이 활성화된다는 것 또한 쉽게 이해가 된다. 이와 같이 혁신을 보다 큰 틀에서 설명하는 논의는 혁신 체계(system of innovations) 이론에서 다루어지고 있다.[7)]

---

5) 이와 같이 혁신이론을 기업이론으로 일반화시키신 분이 한양대학교의 김인호 교수님이시다. 관심이 있는 분들은 김인호, 「다이나믹 매니지먼트와 기업일반이론」, 2006을 읽어 보면 큰 도움을 얻게 될 것이다. 특히 기업에서 기획업무에 종사하는 분들의 일독을 권한다.

6) 보몰 교수의 혁신에 대한 논의에 관심이 있는 독자는 Baumol, *The Free-Market Innovation Machine*, 2002를 참조하거나, 이 책에 대한 Holcombe 교수의 서평(인터넷에서 다운로드받을 수 있다)을 읽어보면 도움을 받을 수 있다.

7) 혁신의 복잡성을 잘 풀어선 번역서로는 OECD 편, 「과학과 기술의 경제학」(기술과 진화의 경제학연구회

지금까지 설명한 4차 산업혁명을 비롯한 혁신의 상당 부분은 과학기술의 발달에 그 기반을 두고 있다. 경제학계에서는 경제 전체(거시경제)의 발전이 새로운 과학기술을 만들어 내고 이를 활용함으로써 나온다는 것을 일찍이 주목하고 있었다. 그러나 과학기술이 가지는 독특한 특성, 즉 비경합성(non-rivalry) 때문에 과학기술이 시장경제 내에서 지속적으로 발달하는 방식을 이해하기가 어려웠다. 예를 들어, 삼성전자와 같은 기업이 막대한 연구개발비를 지출하면서 신제품을 만들어 내더라도, 이 기술을 삼성전자도 쓸 수 있고, 경쟁사인 애플(Apple)도 사용할 수 있기 때문에(이 같은 현상을 비경합성이라고 한다), 이 같은 투자는 지속가능하지 않다. 바로 이러한 문제를 해결하기 위한 제도적 장치가 특허권과 같은 지적재산권이다. 즉 고정비용을 들여 개발한 기술이나 디자인에 대한 일시적 독점권을 부여하여 불완전하지만 그 개발자에게 이익을 가져갈 수 있는 기회를 제공하는 것이다. 이를 불완전 전유성(incomplete appropriation)이라고 한다. 바로 이 같은 과학기술이 가지는 비경합성과 불완전 전유성의 특성을 반영한 거시경제 성장 이론을 미국의 로머(Romer) 교수가 정립하여, 혁신이 경제 전체의 발전에 기여하는 메카니즘을 이해하는데 큰 공헌을

옮김), 1995가 있다.

했다.[8)] 요약하면, 혁신의 기반이 되는 새로운 과학기술에 대해 일시적이지만 독점적 이윤이 보장되기 때문에 민간의 경제주체에 의해 과학기술이 의식적으로 개발되고, 이는 다시 지식이 가지는 비경합성 때문에 다른 경제주체에게 파급효과(knowledge spillover)를 미치면서 경제가 발전하게 된다는 것이다. 이러한 로머 교수의 설명은 시장의 재산권 제도가 확립된 근대 이후에 왜 경제가 비약적으로 발전했는지를 보여주는 최신의 이론으로 평가되고 있다.

혁신의 부작용

혁신은 우리 삶에 도움이 되는 것은 분명하지만, 혁신으로 인해 쓸모가 없게 된 기업이나 근로자들은 시장 퇴출과 실업이라는 고통을 겪게 된다. 19세기 초 영국에서 일어난 기계파괴운동(러다이트 운동, Luddite Movement)은 이러한 혁신의 파괴적 영향을 역사적으로 보여주는 사례이다. 우리 해운 · 항만 업계에서도 이러한 혁신의 부작용에 대한 우려가 큰 것이 사실이다. 자율운항선박 개발에 따른 선원 실직 문제, 자동화 터미널 확대에 따른 항만 근로

---

8) 로머의 지식경제학에 관심이 있는 독자는 데이비드 워시, 「지식경제학 미스터리」(김민주 · 송희령 옮김), 2008를 읽으면 큰 도움을 받을 수 있다.

자의 실업 문제 등이 대표적이다.

유효수요이론으로 유명한 케인즈(Keynes)도 이러한 문제를 깊이 고민했다. 그는 우리가 노동의 새로운 사용처를 발견하는 속도보다 노동력을 절감하는 기술의 발전 속도가 빨라서 생기는 실업을 기술적 실업(technological unemployment)이라고 불렀다. 그가 1936년에 발표한 대작(大作) 「일반이론」[9]에서 왜 자신이 한 국가 내에서 유효수요창출을 통한 불황 타개책을 제시하는지를 설명하고 있다. 당시는 2차 산업혁명으로 선진국의 생산성이 비약적으로 발전하던 시기였다. 쏟아지는 상품을 판매할 시장을 찾지 못한 각 국가들은 제국주의를 통해 식민지 쟁탈전을 벌이고 보호무역으로 자국 시장을 지키는 서로 공멸의 게임을 벌이고 있었던 것이다. 케인즈는 바로 자신의 일반이론을 통해 "각 국가가 국내 정책을 이용해 완전고용을 스스로 달성할 수 있는 방법을 배운다면, … 자국 상품을 타국에 강매하거나 이웃나라의 매출을 격퇴시켜야 할 절박한 동기는 … 더 이상 존재하지 않게 될 것이다"라고 말하고 있다. 즉 비약적 기술 발전에 따른 실업 문제를 해소하기 위한 제국주의적 시장 확대를 대신하여 국내 정책을 통해 완전고용

---

9) 일반이론의 완역서는 케인즈, 「고용, 이자 및 화폐의 일반이론」(조순 옮김), 2007이 있고, 축약본으로는 케인즈, 「고용, 이자 및 화폐의 일반이론」(박만섭 옮김), 2012가 있다.

을 달성할 수 있는 방안을 제시하고 있는 것이다.

이러한 국내 유효수요 확대를 통한 완전고용 처방과는 달리 리프킨(Rifkin)은 「노동의 종말」[10)]에서 다른 대안을 제시하고 있다. 바로 시장과 정부 부문과는 다른 시민사회단체의 제3부문의 영역을 확대하여 기술발전으로 야기되는 실업 인구를 흡수하자는 것이다. 또한 우리나라가 지난 2018년 2월 28일 주 52시간으로의 노동시간 단축을 위한 근로기준법 개정안을 통과시킨 것처럼, 리프킨도 노동시간 단축을 산업혁명에 따른 실업 문제 극복을 위한 대안으로 제시하고 있다.

대안의 제안 :
혁신성과 포용성의 상보적 종합(synthesis)으로서
유연안정성

인류가 지속가능한 발전과 보다 여유로운 삶을 살기 위해서는 4차 산업혁명과 같은 경제적 혁신은 불가피하다. 그러나 이 과정에서 발생하는 '기술적 실업'과 같은 문제점을 완화하기 위한 공동체의 노력도 필요하다. 즉 경제의 혁신성을 보완할 수 있는 포용성이 필요한 것이다. 문재인 정부의 경제정책 패러다임을 소개한

10) 리프킨, 「노동의 종말」(이영호 옮김), 1996을 참조하기 바란다.

「포용국가」[11]에서는 이 같은 포용성과 혁신성에 더해 유연안정성까지 우리 경제의 운영원리로서 제안하고 있다. 유연안정성은 혁신에 따른 구조조정은 받아들이지만(유연성), 국민의 소득을 보장해 주고 적극적 노동시장 정책을 통해 실업 등의 문제에 대처하자는 것이다(안정성).

현대 물리학의 양대 이론 중 하나인 양자역학에서는 실재(實在) 물리세계를 이해하기 위해 서로 상충되는 개념이 동시에 사용되어야 하는 상보성(相補性, complementarity)의 원리가 받아들여지고 있다. 우리가 사는 경제적 세계도 이와 유사하다. 우리 삶의 조건을 바꾸는 혁신은 포용성과 상보적 관계에 있다. 철학자 칸트의 어법을 빌리면, 혁신성만 있고 포용성이 없으면 그러한 혁신은 공허하다. 그러나 혁신성은 없고 포용성만 있으면 지속 가능성이 떨어질 것이다. 따라서 4차 산업혁명 전도사, 클라우스 슈밥(Klaus Schwab)이 강조하는 것처럼, "4차 산업혁명이 제공할 기회와 도전의 기틀을 형성하고 일관성을 갖춘, 긍정적이고 보편적인 담론(談論, narrative)"을 만들어 나가야 한다. 분명 이 담론에는 혁신성과

11) 성경륭외 지음, 「포용국가」, 2017. 이 보고서에서는 우리나라 경제사회모델로서 '박정희 식 성장지상주의(또는 동아시아 발전국가 모델)'와 'IMF 식 시장만능주의(또는 영미형 자유시장 모델)'가 더 이상 적합하지 않고, 우리는 이제 유럽의 사회적 시장경제 모델로 나아가야 한다고 제안하고 있다. 포용국가에 대한 경제사적 고찰은 대런 애쓰모글루 · 제임스 A. 로빈스, 「국가는 왜 실패하는가」(최완규 옮김), 2012을 참고하기 바란다.

포용성이 상보적으로 역할할 것이다. 유럽의 유연안정성은 이러한 측면에서 우리에게 모범 사례로서 큰 가치를 가질 것이다.

13

지식창출 메카니즘과 경영 시사점

4차 산업혁명으로 세계 경제의 지형이 매우 빠르게 그리고 크게 변하고 있다. 이에 따라 선사, 하역사, 국제물류기업, 선박관리업 등의 해사산업계 뿐 아니라 이들의 고객 기업인 화주들도 변화하는 환경에 적응하기 위해 전사적인 노력을 기울이고 있다. 이 같이 급변하는 환경에서 기업이 지속가능한 경쟁 우위를 확보하기 위해서는 고객과 시장이 바라는 서비스와 제품을 경쟁력 있는 가격으로 제공할 수 있어야 한다. 따라서 변화하는 수요 · 공급 여건에 대응하여 최적의 기업경영을 영위하기 위해서는 그에 상응하는 지식(소비자 만족, 원가절감의 지식)을 만들어야 한다. 일본의 경영학자 노나카(Nonaka) 교수는 일찍이 이러한 기업의 생존 · 발전전략을 지식창출 관점에서 해석하고 조직의 대응방향을 제시하고 있다. 여기서는 1995년 노타카 교수의 '조직적 지식창출의 동태적 이론'(A Dynamic Theory of Organizational Knowledge Creation)의 내용을 간략히 소개하고 우리 해사산업계의 경영상의 시사점을 논의하고자 한다(필요한 경우, 별도의 언급 없이 필자가 노타카 교수의 주장을 확대 해석하기도 했다).

노나카 교수의 지식창출이론의 핵심에는 암묵적 지식(tacit knowledge)과 명문화된 지식(explicit knowledge)의 구분이 있다. 이 구분을 상징적으로 보여주는 것이 마이클 폴라니(Michael Polanyi)의 "우리는 우리가 말할 수 있는 것보다 많이 알 수 있다"(We can know more than we can tell)라는 말이다. 여기서 우리가 말할 수 있는 지식이 명문화된 지식이다. 그리고 우리가 아는 것 중 말로 표현할 수 없는 지식이 암묵적 지식이다.

산업계에서 이러한 철학적 논의가 큰 함의를 지니는 것은 시장, 특히 고객의 요구가 대부분 처음에는 암묵적 지식의 형태로 나타나는데 반해, 기업의 상품은 명문화된 지식에 기반해 제공되고 있다는 사실에 있다. 예를 들어, 기업이 제공하는 상품에 대해 소비자들은 여러 가지 이유를 들어 구매하지 않을 수도 있고, 구매한 이후에도 매우 다양한 반응을 보이는데, 이러한 시장의 움직임이 처음에는 명문화되지 않은 지식으로 나타난다는 것이다. 바로 이 같이 기업의 존망이 걸린 시장움직임에 대한 암묵적 지식을 어떻게 체계적으로 명문화된 지식으로 변환하여 미래의 기업 상품에 담아내느냐는 오늘날 4차 산업혁명 시대를 살아가는 기업에게 매우 큰 의미를 지닌다. 또한 근로자들이 근무하는 작업공간에는 비용절감을 가능케 하는 단서(端緖, clue)가 암묵적 지식의 형태로 있다. 이를 어떻게 명문화된 지식으로 변환하여 업무효율화를 달성하느냐에 원가절감의 마법이 있을 것이다. 즉 암묵적 지식을 명문화된 지식으로 변환하는 노력이 절실히 요구된다.

따라서 지속적 경쟁우위(소비자 만족, 원가절감의 지식) 확보를 위한 기업의 지식창출 역량을 강화하기 위해서는 우선 이러한 지식 간(암묵적 지식↔명문화된 지식)의 변환 방식을 좀 더 깊이 이해할 필요가 있다. 먼저 소비행태, 작업방식 개선 아이디어 등에 대한 암묵적 지식을 공유하는 단계가 필요하다(사회화, socialization). 이러한 사회화 과정에서 개별 근로자들이 마케팅, 생산과정 등에서 경험하는 매우 구체적인 다양한 사례들이 조직 구성원들 간에 공유된다. 이렇게 암묵적 지식이 공유되면서 다양한 경험들 속의 공통된 경험이 이해되고, 이러한 공통경험을 명문화된 지식으로 변환하기 위한 노력이 이루어질 것이다(외부화, externalization). 특히 이러한 외부화 과정은 최종적으로 하나의 모형(model)을 만들어서 조직 내에 다른 구성원들과 공유함으로써 완결된다. 예를 들어, 마케팅팀과 제품개발팀이 협력하여 새로운 신상품 생산에 필요한 기획안을 만들어내는 과정이 이러한 외부화 과정이다. 이렇게 외부화된, 즉 명문화된 지식은 회사에 축적되어 있던 기존의 명문화된 지식과 연계(융합, 통섭)되어 회사의 데이터베이스에 저장된다(조합, combination). 물론 이러한 조합과정에서도 새로운 지식이 창출될 수 있다. 이렇게 새롭게 만들어진 명문화된 지식은 다시 일선 부서에서 사용되면서 다시 내부화(internalization) 과정을 거친다. 예를 들어, 신상품을 마케팅팀이 시장에 내 놓는 과정이 내부화과정이고, 이 내부화과정에서 소비자의 반응 등이 다시 암묵적 지식으로 만들어 진다. 이러한 지식 간의 변환 방식을 정리하면 아래의 그림과 같다.

지식의 변환 방식 분류

From \ To	암묵적 지식	명문화된 지식
암묵적 지식	사회화 (Socialization)	외부화 (Externalization)
명문화된 지식	내부화 (Internalization)	조합 (Combination)

하지만 이러한 지식 변환의 과정은 앞서 언급한 것처럼 단순히 직선적인 인과관계를 갖기 보다는 매우 복잡한 상호작용을 거친다는 사실에 유념할 필요가 있다(보다 상세한 설명은 앞서 언급한 노나카 교수의 1995년 논문을 참조하기 바란다). 또한 바로 이러한 지식창출의 과정이 일본 기업이 제2차 세계 대전 이후 1980년대까지 미국 기업을 추월할 수 있는 원동력이었음을 상기할 필요가 있다. 비록 지금의 일본이 과거의 영광과는 다소 거리를 두고 있지만, 일본의 산업 경쟁력은 이러한 기업의 혁신역량에서 기인하고 있음을 유념해야 한다.

그럼, 이러한 조직의 지식창출과정에 대한 이해는 우리 산업계에 어떠한 시사점을 제공하는가? 먼저, 지식창출과정을 활성화하기 위해서는 세 가지의 경영철학이 필요함을 지적하고자 한다. 첫째, 창조적 혼돈(creative chaos)을 불가피한 요소로 받아들여야 한다. 특히 요즘과 같은 4차 산업혁명의 시기에는 외부의 시장 및 기술적 변화는 기업에게 커다란 혼돈을 야기하지만, 이를 외면할 수 있는 방법이 없다. 따라서 기업은 이러한 혼돈을 자연스럽게 받아들이고 대응방안을 마련해야 한다. 둘째, 기업(조직) 내에 최소한도로 필요한 다양성(requisite variety)을 확보해야 한다. 고객과 마주하는 사람, 상품을 만드는 사람, 인사와 재무를 맡은 사람, 회사전체의 미래를 기획하는 사람, 이러한 모든 사람들이 필요하다. 셋째, 정보의 중복(redundancy of information)이 필요하다. 보통 중복이라고 하면 불필요하게 자원이 투입된다고 생각하기 쉽다. 그러나 정보의 중복은 기업이 당면한 창조적 혼돈을 이겨내기 위해 다양한 인적 자원들(requisite variety)이 필요한 정보를 공유해야 한다는 점을 말하고 있다. 마케팅팀의 난제를 기획팀에서 해결할 수도 있으며, 기획팀의 난제를 마케팅팀에서 해결할 수도 있다. 이러한 교차 문제 해결(cross-solving)의 가능성을 높이기 위해서는 정보의 중복은 불가피하다.

이러한 지식창출경영을 위해서는 무엇보다도 중간 관리자의 역할을 확대하고, 최고 경영자와 일선의 근로자 간의 소통을 강화해야 한다. 탑-다운(top-down) 경영은 회사의 지식창출 책임을 너무 최고 경영자에게 부여하고, 바텀-업(bottom-up) 경영은 일선의 근로자의 자율성을 너무 확대하여 통제 불가능한 상황을 야기할 수 있다. 따라서 미들-업-다운(middle-up-down) 경영을 통해 최고 경영자는 회사의 비전을 설정하고, 일선의 근로자는 중간 관리자의 도움을 받아 이러한 회사의 비전이 고객에게 전달될 수 있도록 한다. 그리고 중간 관리자는 이 같은 과정에서 회사의 지식창출 중간 다리(bridge)로서 역할할 수 있도록 해야 한다. 나아가 회사는 i) 위계적인 조직체계에서 수행하는 일상적 업무와 ii) 회사 발전을 위한 지식창출 업무를 구분하고 이 두 가지의 업무가 상호 시너지를 낼 수 있도록 지식 · 정보 시스템을 인터넷의 하이퍼텍스트(hypertext)처럼 만들어야 한다. 이를 통해 많은 회사의 구성원들이 필요한 지식을 다양한 관점에서 들여다보고 업무에 활용할 수 있을 것이다.

14

해운항만산업의 혁신과 일자리 창출 방향

4차 산업혁명은 과거의 산업혁명과는 달리 매우 빠른 속도와 매우 큰 범위로 우리 삶의 전반에 걸쳐 변화를 가져올 것이다. 해운 · 항만 · 물류산업에서도 자율운항선박, 자동화터미널, 무역 · 물류에 블록체인의 도입 등으로 산업의 지형이 근본적으로 바뀔 전망이다. 이 같은 산업혁신은 서비스 생산과정에서 일어나는 인명손실, 안전문제, 환경문제 등을 근본적으로 해결할 수 있을 뿐 아니라 국민경제의 효율성을 크게 향상시키는 계기가 된다는 점에서 매우 고무적이다. 그러나 업계 종사자와 정책당국은 이 같은 산업혁신이 일자리에 미칠 영향에 대해 우려스러운 전망을 하고 있는 것도 사실이다. 이 글에서는 해운 · 항만 · 물류산업의 혁신의 종류와 그에 따른 일자리 창출 방향에 대한 필자의 소견을 제시하고자 한다.

필자의 '해운 · 항만 · 물류산업의 혁신과 일자리 창출 방향'을 도식화하여 제시하면 아래 그림과 같다.

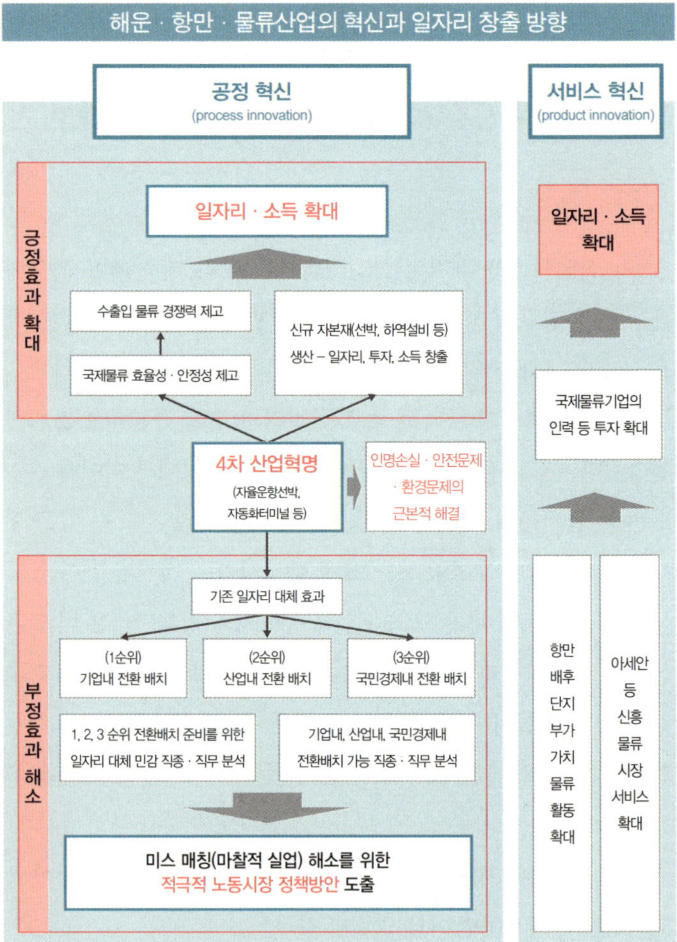
해운 · 항만 · 물류산업의 혁신과 일자리 창출 방향
공정 혁신
(process innovation)
긍정효과 확대
일자리 · 소득 확대
수출입 물류 경쟁력 제고
국제물류 효율성 · 안정성 제고
신규 자본재(선박, 하역설비 등) 생산 – 일자리, 투자, 소득 창출
4차 산업혁명
(자율운항선박, 자동화터미널 등)
인명손실 · 안전문제 · 환경문제의 근본적 해결
부정효과 해소
기존 일자리 대체 효과
(1순위) 기업내 전환 배치
(2순위) 산업내 전환 배치
(3순위) 국민경제내 전환 배치
1, 2, 3 순위 전환배치 준비를 위한 일자리 대체 민감 직종 · 직무 분석
기업내, 산업내, 국민경제내 전환배치 가능 직종 · 직무 분석
미스 매칭(마찰적 실업) 해소를 위한 적극적 노동시장 정책방안 도출
서비스 혁신
(product innovation)
일자리 · 소득 확대
국제물류기업의 인력 등 투자 확대
항만 배후 단지 부가 가치 물류 활동 확대
아세안 등 신흥 물류 시장 서비스 확대

혁신은 크게 제품 혁신(product innovation, 이 글에서는 서비스 혁신에 해당)과 공정 혁신(process innovation)으로 구분할 수 있다. 서비스 혁신은 새로운 서비스를 만들어 내거나, 서비스의 질을 바꾸는 것을 의미한다. 그리고 공정 혁신은 서비스를 생산하는 방법을 새롭게 하는 것이다. 경제학 문헌에서는 이 두 가지 혁신이 일자리에 미치는 영향은 다른 것으로 평가하고 있다. 공정 혁신은 주로 투입/산출을 효율화하여 보다 저렴하게 생산을 가능케 하기 때문에 이는 기존 일자리를 대체하는 경우가 많다. 이에 비해 서비스 혁신은 새로운 수요를 찾아내 시장에 들어오게 하기 때문에 신규 일자리를 만들어 내는 경우가 많다. 이 같은 구분은 해운·항만·물류산업에도 적용된다.

먼저 공정 혁신을 살펴보자. 자율운항선박, 자동화터미널 도입과 같은 혁신이 이에 해당된다. 공정 혁신을 통해 국제물류 효율성과 안정성이 제고되면, 이는 우리나라 수출입 물류 경쟁력을 제고하여 많은 화주들이 편익을 누리게 된다. 또한 이 같은 공정 혁신에 필요한 자본재 생산을 확대하면서 일자리, 투자, 소득이 창출되는 효과도 있다. 그러나 선원이나 하역노동자의 일자리가 줄어드는 부정적 영향도 우려된다. 따라서 긍정적 효과는 확대하면서 부정적 효과는 해소해 나가는 전략이 필요하다. 긍정적 효과는 이 같은 혁신적 자본재의 개발을 활성화하는 것을 의미한다. 다양한 금융 · 세제 · 인력공급 상의 지원방안이 있을 수 있다. 한편 부정적 효과는 적극적 노동시장 정책을 통해 완화할 수 있을 것이다. 우선 혁신 기업들이 기업 내에서 인력 재배치 등을 통해 유휴인력을 흡수할 수 있도록 해야 한다. 이 과정에서는 경영자의 관심과 노력이 매우 중요한 역할을 한다. 기업 내 재배치가 충분하지 못한 경우에는 산업 내 전환 배치가 가능하도록 해야 한다. 통상적으로 이종 산업으로 이직하는 경우보다 같은 산업 내에서 이직하는 경우가 다양한 이직 비용이 덜 발생한다. 마지막으로 국민경제 내 전환 배치를 위해 노력해야 한다. 이상의 노력은 모두 혁신으로 새롭게 생겨나는 직종 · 직무에 기존의 노동자들이 옮겨갈 수 있도록 한다는 의미에서 마찰적 실업을 해소하는 적극적 노동시장 정책이다. 이 같은 정책의 효과를 높이기 위해서는 우선적으로 혁신에 따른 일자리 대체 민감 직종 · 직무를 분석하고, 이들 부문에 속한 노동자들이 옮겨 갈 수 있는 전환배치 가능 직종 · 직무를 분석해야 한다. 나아가 정부와 공공기관 등은 이 같은 전환배치를 위해 필요한 연결(matching) 기능과 직업 재교육 등을 원활히 제공할 필요가 있다. 이를 위해 해운 · 항만 · 물류산업계 뿐만 아니라, 고용노동부 및 그 유관기관들의 협력이 절실히 요구된다.

다음으로 서비스 혁신은 부정적 효과 보다는 긍정적 효과를 가져 온다. 항만배후단지 부가가치 물류활동 확대, 아세안 등 신흥 물류시장 서비스 확대 등이 이에 해당된다. 이는 새로운 물류 수요를 창출해 내는 것으로 기존 일자리를 대체하는 것이 아니라 신규 일자리와 투자를 창출하는 효과가 있다. 앞서 언급한 공정 혁신에 따른 일자리 감소를 서비스 혁신을 통해 새롭게 생겨나는 일자리 증가로 일정 부분 상쇄할 수 있는 방안을 적극적으로 검토할 필요가 있다.

특히 강조되어야 할 사실은 효율적이고 과학적인 4차 산업혁명 기술을 활용한 신흥 물류시장 확대가 경제 전체에 미치는 영향이다. 해운항만물류 산업의 특성 상 신흥시장에 대한 물류서비스 확대는 막대한 제품의 수출입으로 이어진다. 이는 수요창출 혁신(demand-creating innovation)[1]으로 국제무역을 통한 시장의 확대와 소득 · 고용의 획기적 증대를 가져올 것으로 기대된다. 이와 관련하여 KMI가 발표한 「해외 진출 무역업체의 한국인 포워더 수요 추정 연구」(신수용 · 김은수 · 김동환, 2017)는 우리나라 수출확대를 위한 물류전문인력 수요 추정 결과를 보여주고 있다.

---

1) 일본의 대표적 케인스 학파인 요시카와 히로시가 「케인스 vs 슘페터」(신현호 옮김), 2009에서 소개한 '수요창출형 혁신'이라는 개념은 20세기의 대(大) 경제학자 케인스와 슘페터 이론의 종합(synthesis)으로 제시된 것이다.

우리나라 국제교역의 증대 및 해운항만물류 산업의 발전을 위해 신흥시장을 개척하는 일은 아무리 강조해도 부족한 우리의 미래 먹거리이다.

보다 나은 삶을 만들기 위해 노력하는 인류가 있는 한 혁신은 항상 우리 곁에 있을 것이다. 그리고 현재 펼쳐지고 있는 4차 산업혁명은 매우 빠르고 크게 우리 삶을 바꾸어 놓을 것이다. 이 과정에서 불가피하게 발생할 기술적 실업에 대해 사회는 포용성을 발휘해야 한다. 특히 혁신에 따른 물질적 혜택을 사회 구성원이 모두 누릴 수 있도록 사회 안전망을 강화하고 적극적 노동시장 정책을 통해 일을 통해 사회에 기여할 수 있는 기회를 확대해 나가야 한다. 이러한 선순환 구조가 이루어질 수 있도록 사회의 각 영역에서 노력할 때 우리 사회는 혁신과 포용이 넘쳐 나는 사회가 될 수 있을 것이다.

15

한국 해운을 위한 제언 : 해운산업 학습체계 구축하자

들어가며

통상적으로 시장은 효율적인 기업의 제품과 서비스를 소비자가 선택함으로써 경쟁력이 떨어진 기업을 도태시켜 경제 전체의 효율성을 증진할 수 있다고 이해하고 있다. 그러나 경쟁력이 떨어져 도태될 운명의 기업과 이해관계를 같이 하는 이들이 이러한 경제의 효율성 달성이라는 거창한 목표를 받아들이기 어려운 것도 사실이다. 지금의 한국 해운의 세계적 위상도 이와 관련이 있다. 유럽을 중심으로 하는 글로벌 선도 선사들은 우리 정부가 해운산업을 지원하는 것을 비판하고 있으며, 우리와 비슷한 처지에 있는 일본은 조선산업 지원과 함께 '해운재건 5개년 계획'에 대해서도 WTO 규범에 어긋나는 것으로 공격하고 있다. 즉 시장에서 경쟁력을 상실한 우리나라 해운산업이 도태되어야 한다는 논리이다. 이 글을 통해 필자는 이러한 비판과 공격의 논리를 넘어설 수 있는 우리 해운산업의 나아갈 방향을 모색하고자 한다. 이를 위해 다소 생소하게 느껴지는 '산업 학습체계'라는 관점을 소개하고, 이 관점에 기초해 한국 해운산업의 학습체계 구축방향에 대해 제언하고자 한다.

학습의 중요성

사실 학습(learning)이란 용어는 교육학(Education)에서 사용되는 용어로서 경제학에서는 생소한 느낌을 준다. 그래서 '해운산업 학습체계 구축'이라고 하면, 해양대학교와 같은 교육기관에서 커리큘럼을 새롭게 개편하자는 말로 이해된다. 그러나 지하에서 흐르는 강과 같이, 경제학에서 학습이란 개념은 개인의 발전, 기업의 경쟁력 제고, 국부의 확대를 설명함에 있어 결정적 역할을 은연중에 해오고 있었으며, 미래에는 그 중요성이 더욱 커질 것이다(이 같은 주장에 관심이 있는 독자는 노벨경제학상 수상자인 스티글리츠의 「창조적 학습사회」(김민주 · 이엽 옮김), 2015를 참조하기 바란다). 사실 18세기 영국에서 시작된 산업혁명은 학습혁명으로도 평가할 수 있을 정도로 경제발전에 있어 학습의 중요성은 아무리 강조해도 지나침이 없다. 르네상스와 계몽주의 이래로 영국을 중심으로 유럽사회는 과학과 기술의 발전을 위한 기반을 마련했고, 이러한 새로운 지식을 경제에 적용하면서 산업혁명이 가능했다는 것이다. 즉 자연에 대한 학습능력이 크게 향상되면서 산업혁명이 일어났다는 것이다.

이러한 학습혁명이 일어나기 위해서는 가장 우선적으로 사회의 구성원들이 가지고 있는 신념의 변화가 필요하다. 특히 무지(無知)에 대한 자각이 요구된다. 유럽에서 계몽주의 운동의 핵심 기저에는 바로 인간의 무지에 대한 인정(認定)이 있었던 것이다. 이렇게 앎에 대해 겸손해질 때, 학습을 통해 하나 하나 새로운 사실들을 알아갈 수 있는 시작점에 설 수 있는 것이다. 우리 해운산업에서도 반복되는 위기 속에서 이 같은 학습에 대한 필요성을 절감하고 있다. 30여 년 전에는(1984년) 해운산업 합리화라는 극단적 조치와 함께 한국해운기술원(한국해양수산개발원의 초기 명칭)을 설립해 글로벌 해운시장에 대한 체계적인 산업 학습체계 구축을 도모했다. 또한 1997년 외환위기로 인해 대기업에게 강제적으로 적용된 부채비율 200% 규제로 해운기업이 우량 자산을 매각하는 우(愚)를 범한 것도 해운의 특수성에 대한 무지에서 비롯된 것이다. 그리고 2008년 글로벌 금융위기 이후 머스크 등의 선도선사가 대형화 전략으로 위기를 돌파하고 있지만, 우리가 아직 위기에서 탈출하고 있지 못한 것도 급변하는 해운산업 여건에 대한 학습과 그에 따른 전략이 부재한 것에 기인한다고 생각된다.

학습의 방법

학습은 어떻게 해야 할까? 사실 이 질문은 인류 역사 속에서 철학자들이 '우리가 안다는 것이 무엇인가?', 즉 '지식이란 무엇인가?'에 대해 수천 년 동안 제기했던 질문과 연관되어 있다. 필자는 여기서 20세기 과학철학자인 칼 포퍼(Karl Popper)의 설명을 소개하고자 한다. 포퍼는 우리의 과학적 지식이 다음과 같은 도식으로 성장한다고 주장한다.

$P_1 \rightarrow TT \rightarrow EE \rightarrow P_2$

여기서 P_1은 문제상황 1, TT는 잠정적인 이론, EE는 오류제거, P_2은 문제상황 2.

즉 P_1이라는 문제를 풀기 위해, TT라는 이론을 제시하고, 이를 실증적으로 검증하면서 EE라는 오류를 제거하면, 우리는 새로운 문제 P_2로 넘어가게 된다는 것이다. 포퍼의 이러한 지식 획득의 과정은 과학자 개인 뿐 아니라 일상적 삶을 살아가는 우리 모두에게 적용될 수 있다.

아울러 기업 또는 조직 차원에서 이러한 지식 획득이 가능하거나, 국가 또는 세계 경제 차원에서 이러한 지식 획득 방법이 적용될 수 있을 때, 우리는 다음과 같은 도식으로 각 단위별 지식의 분포를 이해할 수 있을 것이다.

각 단위별 지식의 분포

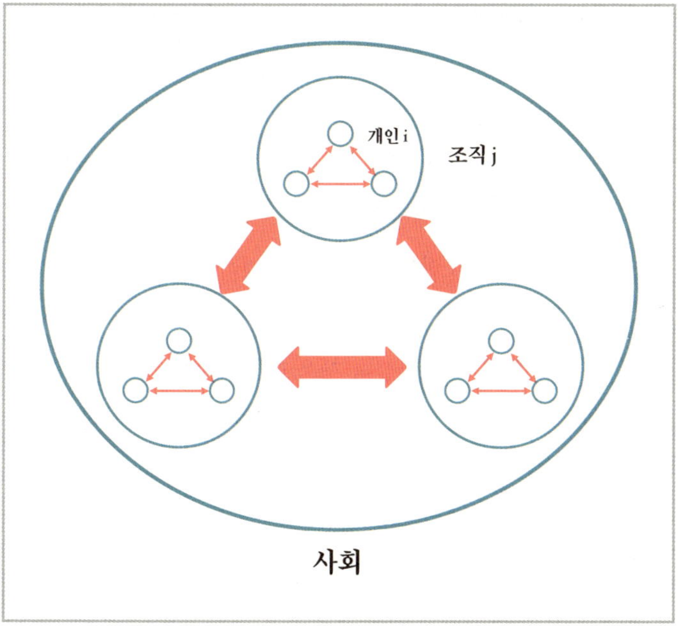

즉 조직(기업)은 소속된 개인이 서로 유기적으로 작용하여 조직이 필요한 지식을 만들고(학습하고), 또 사회(국가)는 각 개인 및 조직이 유기적으로 작용해 사회가 필요한 학습을 해 나간다는 것이다. 그렇다면 구체적으로 각 단위들은 어떻게 지식을 만들고 공유하는 것일까?

지식의 창조와 공유 과정은 보이솟(Boisot)의 사회적 학습 사이클(Social Learning Cycle) 이론을 통해 이해할 수 있다. 먼저 S1의 상황에서 우리는 구조화되지 않은 문제에 직면한다. 이때 문제를 풀기 위해 우리는 주어진 다양한 자료(data)를 구분하고(codification)하고 이들 속에 잠재된 패턴을 찾기(abstraction) 위해 노력한다. 즉 구조화된 지식을 얻기 위해 노력한다는 것이다. 바로 이 국면에서 사용되는 것이 위에서 언급한 포퍼의 과학적 지식의 확보 방법이다. 즉 문제를 풀기 위해 가설을 세우고, 이 가설을 현실에 적용해 오류를 수정해 나가는 것이다. 물론 이러한 구조화된 지식은 유일하게 하나만 존재하는 것이 아니다. 그 문제를 푸는 사람의 수만큼 많은 지식이 가능하다.

사회적 학습 사이클

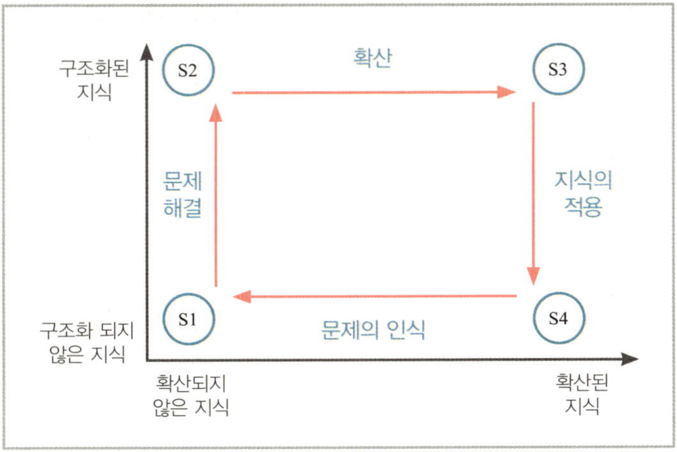

자료 : Boisot의 사회적 학습 사이클 이론을 수정 · 번역함

이렇게 구조화되지 않은 문제를 푸는 과정에서 구조화된 지식이 도출되면(S2), 이는 서로 유기적으로 연결된 조직과 사회의 구성원에게 확산된다(S3). 이러한 확산과정을 통해 상위 단위(조직, 사회)의 지식 역량이 크게 향상되는 것이다. 다음으로, 이렇게 확산된 지식이 다른 사용자들에 의해 다른 부문에서 적용되면서 조직과 사회의 발전이 이루어지게 된다(S4). 그러나 바로 이러한 구

조화된 지식을 구조화되지 못한 다른 상황에 적용하는 과정에서 새로운 문제 상황이 조성된다. 즉 포퍼의 P_2상황이 나타나는 것이다. 이러한 문제의 인식과정에서는 기존 지식이 가지고 있는 한계점이 나타나고, 동시에 새로운 이해를 위한 기회요인도 보이게 된다.

이러한 사이클이 끝나면, 개인, 조직, 사회는 새로운 문제를 푸는 상황에 다시 들어가게 된다. 물론 실제의 학습과정은 이러한 일직선을 따라 이루어지지 않고, 다양한 상황들이 매우 복잡하게 엮여 진행하게 된다.

시장의 경쟁과 사회적 학습 알고리즘

필자는 제품과 서비스가 고객에 의해 선택되는 경제적 삶을 사회적 학습 알고리즘의 틀 속에서 이해하고 있다. 이해의 편의를 위해 우선 기업의 차원에서 사회적 학습 알고리즘을 생각해보자.

기업들은 저마다의 학습 알고리즘을 가지고 시장에서 경쟁하고 있다.[1)] 고객이 어떤 상품을 원하는지, 이를 제공하기 위한 생산방법은 무엇인지, 필요한 생산요소는 어떻게 구할 것인지, 그리고

1) 기업을 학습 조직으로 이해하는 대표적 저서로는 피터 센게, 「학습하는 조직」(유정식 감수 · 강혜정 옮김), 2014가 있다.

미래 시장의 변화를 읽어내어 지금 무엇을 준비할 것인지, 즉 투자를 어떻게 할 것인지 등 수많은 학습을 하고 있다. 그리고 이러한 학습과정은 최고경영자, 중간관리자, 일선 근로자들이 체계화해서 이해하고 있는지(문서화해서 알고 있는 경우) 여부와 무관하게 존재하고 있는 것이다. 고객들은 이러한 기업의 학습 알고리즘을 통해 자신에게 가치 있는 상품을 수용할 수 있는 가격으로 제공하는 기업의 상품을 선택한다. 이러한 고객의 평가가 해당 기업의 생존과 번영으로 이어지는 것이다.

예를 들어, 글로벌 컨테이너 해운시장에서 머스크가 1위의 위치를 점하게 된 것도 이러한 사회적 학습 알고리즘을 통해 이해할 수 있다. 머스크는 2008년 글로벌 금융위기를 계기로 급속히 나타난 공급과잉의 저시황 국면을 2011년 Triple-E 초대형선 발주라는 전략으로 돌파했다. 즉 서비스 차별화가 쉽지 않은 시장에서, 규모의 경제 활용 전략을 선제적으로 추진해 경쟁선사 대비 월등한 비용 경쟁력을 갖춘 것이다. 그리고 지속적인 서비스 공정 혁신과 내부 구조조정을 통해 이러한 비용 경쟁력과 서비스 품질 고도화를 배가시킨 것이다. 이러한 전략은 고객의 선택을 받게 되었고, 머스크에게 세계 1위의 지위를 부여한 것이다. 즉 머스크의 기업 학습 알고리즘이 경쟁 선사의 그것 보다 우월했던 것이다.

또한 이러한 기업 성공의 이면에는 CEO, 중간 관리자, 일선 근로자 간의 유기적인 협력이 있었을 것이다. 더욱 중요한 것은 이러한 머스크의 학습 알고리즘은 덴마크 경제와의 소통 속에서 가능했다. 머스크는 Triple-E 선박의 발주를 위해 자국의 선박 엔진 기술과 수출금융의 지원을 받았다. 즉 머크스 경쟁력은 머스크만의 성과가 아니라, 유관 산업과의 사회적 학습 알고리즘을 통한 협력과 이를 촉진한 금융지원의 결과인 것이다.

우리나라 해운산업 학습체계 구축방향

우리는 해운산업을 다시 일으켜 세울 수 있는 의지와 역량을 충분히 가지고 있다. 일선에서 치열하게 사업을 하는 종사자들의 뜨거운 열정, 이를 뒷받침하기 위해 2018년 4월 발표된 '해운재건 5개년 계획'과 7월 설립된 한국해양진흥공사라는 우리 사회의 지원을 생각하면, 우리는 해운산업 재건을 위한 충분한 에너지를 갖추고 있다고 판단된다. 이제는 어떻게 국민경제에 기여하는 해운산업을 만들어 낼 것인가 하는 소프트웨어에 대해 각 계의 진지한 고민이 필요하다. 앞서 설명한 바와 같이, 필자는 이러한 상황에 처한 우리 해운산업이 산업 학습체계의 관점에서 이 문제에 대응할 필요가 있다고 생각한다. 즉 학습 알고리즘이라는 개념을 가지고 우리의 당면한 문제 상황을 이해하고, 대책을 추진하는 것이 바람직하다. 여기서는 산업계, 정부, 연구소의 역할을 간단하게 제안하고자 한다.

먼저, 산업계는 해운산업의 고객(특히 화주)의 관점에서 경쟁력을 갖출 수 있도록 최선의 노력을 기울여야 한다. 우선 해운기업의 미션을 확고히 해야 한다. 해운산업에서는 '짧은 호황, 긴 불황'이라는 말이 있다. 이제는 이러한 오도(誤導)된 명제를 생각하지 말아야 한다. 해운시장의 큰 변동성은 선사가 호황기에 화주의 손실을 발판삼아 수익을 거두는 기회의 장이 아니다. 오히려 이러한 화주의 물류비용의 변동성을 선사가 전문적인 위험관리기법을 통해(예를 들어, 해상운임파생상품 또는 연료비 헤징수단 등을 통해) 해소해 주면서, 고품질의 물류서비스를 화주에게 제공해야 한다. 즉 해운기업은 화주기업이 장기적으로 신뢰할 수 있는 물류 파트너 기업이 되는 것을 최종 목표로 설정해야 한다. 이러한 해운기업의 미션 확립은 순차적으로 새로운 파트너십의 발전으로 이어질 수 있다. 예를 들어, 조선소는 해상물류비 절감을 위해 운항정보를 가지고 있는 선사와 협력해, 연료저감 기술의 개발에 연구개발투자를 확대할 수 있다. 또한 다양한 해운 유관산업(선박관리업, 물류주선업 등)도 업무를 효율화하고 서비스 품질을 개선해 화주의 물류서비스 만족도를 제고할 수 있을 것이다. 물론 이러한 미션 확립과 그에 따른 혁신 전략 수행의 구체적 과정은 앞서 언급한 사회적 학습 알고리즘의 논리에 따라 진행하는 것이 바람직하다고 생각된다.

둘째, 정부의 역할도 매우 중요하다. 우선 정부는 해운산업을 위한 산업정책을 지속적으로 개선하고 추진해야 한다. 이미 세계 해운산업은 해운 산업정책의 각축장이 되었다(필자와 KMI 동료들이 발표한 「산업정책적 관점에서의 주요국 해운정책 분석 및 정책방향 연구」, 2017을 참조하기 바란다). 여기서는 기존에 강조되지 않았던 정부의 역할을 몇 가지 제안하고자 한다. 우선 해운 산업정책의 실행 거버넌스를 구축해야 한다. 익히 알려진 바와 같이, 해운 산업정책은 해양수산부만의 소관 영역이 아니다. 범부처 간의 노력이 필요하다. 이러한 협력적 거버넌스 구축을 위해 지난 2018년 11월 23일 해운법 개정안이 국회를 통과하면서 해양수산부 장관이 위원장을 맡고 관계 중앙행정기관의 차관급 공무원이 위원으로 참여하는 '해운산업발전위원회'를 설치할 법적 근거가 마련되었다. 따라서 위원회를 중심으로 해운 산업정책의 효과적인 실행이 이루어질 것으로 기대된다. 다음으로 (가칭)'해운산업 진단센터'의 설치가 필요하다. 효과적이고 효율적인 산업정책의 수행을 위해서는 산업의 여건 변화와 그에 상응하는 정책대응을 주기적으로 평가하는 체계가 필요하다. 이러한 정책의 집행과 평가의 순환 체계가 작동해야 정부 차원의 산업 학습 알고리즘이 기능할 수 있고, 지속적으로 상황 적합적인 정책의 수립과 실행이 가능해 질 것이다.

셋째, 한국해양수산개발원과 같은 정부출연 연구소도 큰 역할을 해야 한다. 예를 들어, 산업 전망대회를 효과적으로 기획해 산업계 전반의 종사자가 필요한 정보와 지식을 획득하고, 인적 교류를 확대할 수 있는 기회를 제공해야 한다. 그리고 산업계와 정부가 각자의 사업 전략과 정책을 효과적으로 입안할 수 있도록 적극적인 지식 파트너 역할을 해야 한다. 이러한 정부출연 연구소의 역할은 해운산업 학습 알고리즘이 역동적으로 기능하는데 결정적 기여를 할 수 있을 것이다.

글을 마치며

이러한 제안이 실현되어 우리 해운기업이 경쟁력을 확보할 때, 우리는 시장에서 선택을 받아 글로벌 경제의 효율성 제고에 기여하는 한국 해운산업을 가질 수 있을 것이다. 그리고 그 안에서 종사자들 또한 삶을 영위하고 보람된 사업을 지속할 수 있을 것이다.

이순신 장군은 명량해전에 앞서 임금에게 "신(臣)은 아직 열두 척의 전선(戰船)이 있다"라고 말씀했다. 우리 해운은 여전히 세계 5위 해운 대국의 소프트웨어 역량을 소실하지 않았다. 다만, 한진해운 사태로 상징되는 일시적 위기를 맞고 있을 뿐이다. 마지막으로 우리 해운산업이 새롭게 학습체계를 구축해 지속가능한 발전역량을 확보하고, 우리 경제의 대동맥으로서 역할을 다 해 나가는 것을 기대하며 졸고를 마치고자 한다.

글을 마치며

필자가 매일 매일 기도하는 성경 말씀으로 글을 마치고자 합니다.

항상 기뻐하라!
쉬지 말고 기도하라!
범사에 감사하라!

감사할 일이 있어 감사드리기 보다는, 감사하는 마음과 태도로 살아가면 항상 감사한 일이 생깁니다.

이 글을 통해 독자들이 조금이라도 더 행복한 삶을 살아가는데 도움이 되길 기도드립니다.

참고문헌

[국내 문헌]

고병욱 · 길광수 · 안영균 · 김주현, 「산업정책적 관점에서의 주요국 해운정책 분석 및 정책방향 연구」, 한국해양수산개발원, 2017.

길광수, 「해운 · 항만물류 경영전략 : 이론과 실제」, 월드오션, 2018.

김인호, 「다이나믹 매니지먼트와 기업일반이론」, 2006.

김재홍, 「진입규제의 이론과 실제」, 한국경제연구원, 2002. 7.

김진방 · 박만섭 · 이규상 · 최정규 · 홍훈, 「경제의 교양을 읽는다(현대편)」, 2014.

대니 로드릭, 「그래도 경제학이다」(이강국 옮김), 2016.

대런 애쓰모글루 · 제임스 A. 로빈스, 「국가는 왜 실패하는가」(최완규 옮김), 2012.

데이비드 워시, 「지식경제학 미스터리」(김민주 · 송희령 옮김), 2008.

리프킨, 「노동의 종말」(이영호 옮김), 1996.

박기찬 · 이윤철 · 이동현, 「경영의 교양을 읽는다(고전편)」, 2005.

박은지, 「칼포퍼 과학철학의 이해」, 2001.

베르너 하이젠베르크, 「부분과 전체」, (유영미 옮김), 2016.

성경륭외 지음, 「포용국가」, 2017.

슘페터, 「경제발전의 이론」(박영호 옮김), 2012.

슘페터, 「자본주의 · 사회주의 · 민주주의」(변상진 옮김), 2011.

스티글리츠 & 그린왈드, 「창조적 학습사회」(김민주 · 이엽 옮김), 2016.

신수용 · 김은수 · 김동환, 「해외 진출 무역업체의 한국인 포워더 수요 추정 연구」, 한국해양수산개발원, 2017.

요시카와 히로시, 「케인즈 VS 슘페터」(신현호 옮김), 2009.

유발 하라리, 「사피엔스」(조현욱 옮김, 이태수 감수), 2015.

윤종록, 「이매지노베이션」, 2015.

이래경, "다른백년, 제3섹터 경제학을 선언한다", 2018.

이어령 · 정형모, 「이어령의 지의 최전선」, 2016.

이정동, 「축적의 길」, 2017.

조엘 모키르, 「성장의 문화 : 현대경제의 지적 기원」(김민주 · 이엽 옮김), 2018.

칼 포퍼, 「객관적 지식 : 진화론적 접근」(이한구 · 정연교 · 이창환 옮김), 2013.

케인즈, 「고용, 이자 및 화폐의 일반이론」(박만섭 옮김), 2012.

케인즈, 「고용, 이자 및 화폐의 일반이론」(조순 옮김), 2007.

토플러, 「부의 미래」, 2006.

토플러, 「제3물결」, 한국경제신문사, 1992.

톰 피터스 · 로버크 워터먼, 「초우량 기업의 조건」(이동현 옮김), 2005.

피터 센게, 「학습하는 조직」(유정식 감수 · 강혜정 옮김), 2014.

황준성, 「질서자유주의, 독일의 사회적 시장경제」, 숭실대학교 출판국, 2011.

Nelson · Winter, 「진화경제이론」(이정동 · 박찬수 · 박상욱 옮김), 2014.

OECD 편, 「과학과 기술의 경제학」(기술과 진화의 경제학연구회 옮김), 1995.

[해외 문헌]

Baumol, *The Free-Market Innovation Machine*, 2002.

Baumol, William J., John C. Panzar, and Robert D. Willig,

Contestable Markets and the Theory of Industry Structure, Harcourt Brace Jovanovich, N.Y., 1982.

Boisot, *Knowledge Assets*, 1998.

Child. J. and M. Ihrig (eds.), *Knowledge, Organization, & Management*, 2013.

Mankiw, N. Gregory and Michael D. Whinston, "Free Entry and Social Inefficiency", *The Rand Journal of Economics*, Vol. 17, No. 1, Spring, 1986.

Rodrik, *Economics Rules*, 2015.

Sjostrom, William, "Liner Shipping : Modelling Competition and Collusion", *The Handbook of Maritime Economics and Business*, 2001.

Stiglitz and Greenwald, *Creating a Learning Society*, 2015.

Tesler, Lester G., "The Usefulness of Core Theory in Economics", *The Journal of Economic Perspective*, Vol. 8, No. 2, Spring, 1994.

Warsh, *Knowledge and the Wealth of Nations*, 2006.

Yang and Liu, *Inframarginal Economics*, 2009.

지식사회 경제학

– 조화로운 다양성을 향한 해운 이야기 –

2019. 02. 28 초판

정 가 10,000원

ISBN 978-89-969872-3-9

판 권 소 유	

저 자 고 병 욱

발행자 (재)한국해사문제연구소

이사장 박 현 규

발행소 (재)한국해사문제연구소

서울특별시 종로구 세종대로 23길 54

(당주동) 세종빌딩 10층

TEL : (02)776-9153

FAX : (02)752-9582

Web site http://www.komares.re.kr

E-mail : komares@chol.com

등록 : 1974. 2. 22 제2-44호